Prüfungsstoff kompakt

Abitur-Wissen

ENGLISCH

Cornelsen

Der Autor
David Clarke ist Brite. Nach langjähriger Tätigkeit als Englischlehrer an deutschen Gymnasien arbeitet er jetzt als Schulbuchautor. Er ist Autor zahlreicher Lehrwerke und Übungsprogramme.

Die in diesem Werk angegebenen Internetadressen haben wir überprüft (Redaktionsschluss Mai 2010). Dennoch können wir nicht ausschließen, dass unter einer solchen Adresse inzwischen ein ganz anderer Inhalt angeboten wird.

Dieses Werk basiert in Teilen auf dem Band „Pocket Teacher Abi Englisch“, ISBN 978-3-589-22495-1.

www.cornelsen.de

Bibliografische Information: Die Deutsche Bibliothek verzeichnet diese Publikation in der Deutschen Nationalbibliografie; detaillierte bibliografische Daten sind im Internet über http://dnb.ddb.de abrufbar.

1. Auflage 2010

Projektleitung: Anja Sokoll, Berlin
Redaktion: 360°, Berlin
Herstellung: Uwe Pahnke, Regina Meiser, Berlin
Satz/Layout: Julia Walch, Bad Soden
Illustrationen: S. 92, 97, 100 Klaus Müller, Berlin
Sachzeichnungen: Rainer Fischer, Berlin
Reihen- und Umschlaggestaltung: Torsten Lemme, Berlin
Druck und Bindearbeiten: CPI - Clausen & Bosse, Leck
Printed in Germany
978-3-06-150079-5

Gedruckt auf säurefreiem Papier,
umweltschonend hergestellt aus chlorfrei gebleichten Faserstoffen.

Inhalt

Vorwort

Liebe Abiturientin, lieber Abiturient,

Dieser Band hilft Ihnen bei der konkreten Vorbereitung auf die Abitur-Prüfung. Selbst wer glaubt, schon fit zu sein, kann hier mit Gewinn noch mal ein Kapitel lesen und sein Wissen auffrischen. Vor allem aber werden die Zusammenhänge übersichtlich und anschaulich präsentiert. Dazu tragen auch die zahlreichen Grafiken und Schaubilder bei, die den Text durch anschauliche Beispiele illustrieren und vertiefen.

Der Band „Abitur-Wissen Englisch“ greift alle zentralen Themen auf, die für die Abitur-Prüfung wichtig sind: Textanalyse und Textproduktion, amerikanische und britische Literatur sowie Landeskunde und Übersetzung. Diese Themen sind kompakt und verständlich aufbereitet und erleichtern auf diese Weise die Vorbereitung auf das Abitur.

Schnelle Hilfe bietet das Stichwortverzeichnis am Ende des Bandes. Farbige Pfeile (↗) im Text verweisen auf andere Stellen im Buch, an denen Sie weiterführende Informationen finden.

Für die Abitur-Prüfung wünschen wir Ihnen viel Erfolg!

1 Textanalyse

NOTICE Es kommt nur selten vor, dass ein Sachtext rein informativ, instruktiv, argumentativ usw. ist. In der Regel können wir aber einen deutlichen Schwerpunkt ausmachen. Ein **Zeitungsbericht** *(press report)* kann wertende Elemente enthalten, obwohl die Hauptabsicht ist, den Leser über ein Ereignis oder eine Situation zu informieren.

1.1 Informative Sachtexte

Informative texts

Die Intention eines informativen Texts besteht hauptsächlich darin, Informationen über ein Thema ohne Kommentar zu vermitteln. Beispiele sind **Zeitungsberichte, Sitzungsprotokolle** *(minutes of meetings)* und natürlich **Informationsbroschüren** *(information brochures)*.

Informative Texte berichten konkrete Tatsachen, die alle oder einige der sechs Fragen **wer?** *(who?)*, **was?** *(what?)*, **wo?** *(where?)*, **wann?** *(when?)*, **wie?** *(how?)* und **warum?** *(why?)* beantworten.

Zeitungsberichte - die informative Textart, die am häufigsten in der Schule eingesetzt wird - enthalten **direkte Zitate** *(direct quotations)* und **Augenzeugenaussagen** *(eyewitnesses' statements)*.

Hier ein Beispiel für einen Zeitungsbericht:

Au pair "hated dead boy's parents"

LOUISE WOODWARD, the British au pair charged with murdering a nine-month-old boy in her care, "hated" the baby's parents and thought that Matthew Eappen and his two-year-old brother were "spoilt brats", the court in Cambridge, Massachusetts was told yesterday.

Kathleen Sorabella, who spoke to Miss Woodward regularly, said that Miss Woodward told her that she intensely disliked working at the home of Sunil and Deborah Eappen, the parents of Matthew.

Mrs Sorabella, 30, who befriended Miss Woodward in the queue for the musical Rent, which she had seen 40 times and Miss Woodward more than 40, described her first conversation with the au pair. "She said the parents were very demanding, that she didn't like them.

They told her that they had a curfew and she didn't like that." (...)

(from: The Times, London, 17 October 1997)

1.2 Erläuternde Sachtexte

Expository texts

Die Absicht eines erläuternden Textes ist, ein **Vorkommnis** *(occurrence)*, ein **Vorhaben** *(plan)* oder eine Situation anhand von konkreten Fakten und Einzelheiten **objektiv** und **wertfrei** *(impartially)* darzustellen und zu erklären. Typische Beispiele sind **Zeitungsreportagen** *(feature articles)*, **Dokumentarberichte** *(documentaries)* sowie **technische und naturwissenschaftliche Texte** *(technical and scientific texts)*.

Hier ist ein Beispiel für einen erläuternden Text:

> The new "personal data card" for asylumseekers that has been developed in the Netherlands is not the same as an ID card. A typical ID card just has basic information such as the holder's name, age and address, printed on it. This information is, of course, known to the holder as well as the issuer, and is regulated by law.
> Personal data cards, on the other hand, are equipped with a computer chip that can store everything that is on an ordinary ID card, plus up to 36 more items of information as well. These include such data as fingerprints, police record, family details, full medical history, details of income and employment, including social security benefits, educational qualifications, and political and religious beliefs.
> Furthermore, the chips are not just data-storage chips, but data-processing chips as well. This means that the information stored in them can be changed by the issuer without the knowledge of the holder.

1.3 Beschreibende und erzählende Sachtexte

Descriptive and narrative texts

Ein beschreibender und erzählender Sachtext ist ein informativer Text, der eine **chronologische Reihenfolge von Ereignissen** *(chronological sequence of events)* darstellt. Es wird durchweg das *past tense*, meist das *simple past*, verwendet. Gelegentlich wird auch das *past progressive* eingesetzt: *He was doing this when something happened.*
Wörter und Ausdrücke wie *to begin with*, *firstly / secondly / ...*, *then*, *after that*, *later on*, *subsequently*, *as a result of this*, *finally* usw. werden benutzt, um den zeitlichen Ablauf darzustellen.

Hier ist ein Beispiel eines Erzähltextes:

> **What happened to Flight 990?**
> Half an hour after leaving New York's JFK Airport at 1.20 a. m. last Sunday, the EgyptAir Boeing 767 suddenly went into a horribly violent roller-coaster

ride. According to radar evidence, it then plunged at high speed from 30,000 to 16,000 feet, levelled out for an instant, then climbed sharply for a mile into the sky before stalling and finally diving downwards. The plane broke apart 10,000 feet above the sea and fell into the Atlantic in pieces. All 217 passengers and crew were killed.

(from: The Week, London, 13 November 1999)

1.4 Instruktive Sachtexte

Instructive texts

Ein instruktiver Text sagt dem Leser, was er zu tun hat, um ein gegebenes Ziel zu erreichen. Typische Beispiele dieser Art Text sind **Ratgeber** *(life guides, how to-books)*, **Reiseführer** *(guidebooks)* und **Gebrauchsanweisungen** *(instructions for use, users' instructions)*.

Sprachlich zeigen solche Texte folgende Merkmale:

- Anwendung des Imperativs (Befehlsform)
- Anwendung von Partizip- und Infinitivstrukturen *(participle and infinitive constructions)*, um Relativsätze *(relative clauses)* zu vermeiden
- Anwendung des Passivs, um zu beschreiben, was mit einem Gegenstand geschieht
- Gebrauch von Auflistungen *(enumeration)*
- Gebrauch von Grafiken und Bildern *(graphics and illustrations)*
- Einsatz von drucktechnischen Mitteln *(printing techniques)* wie Fettdruck *(bold print)*, Kursivdruck *(italic print)*, Spiegelstrich *(dash)* usw.

Hier ist ein Beispiel für einen instruktiven Text:

Making a backup copy of a CD
To make a backup copy of a CD follow these steps:

1 Click the **Start** button, point to **Programs**, then to **Adaptec Easy CD Creator** and select **CD Copier** or **CD Copier Deluxe**, depending on your version. The CD Copier window appears.

2 Select the **Source** from which the CD is to be copied. This is either:
- Your CD-R or CD-ROM drive. Select the drive containing your source CD from the **Source drop-down list** box.
- If you want to make a copy of a CD from a disc image, then select **Image File** from the Source menu and then open the CD image file you want to copy.

(...)

(from: Quick Reference Guide, Easy CD Creator™, Adaptec, Inc, Milpitas, California, USA, 1998)

1.5 Argumentative Sachtexte

Argumentative texts

Die Absicht eines argumentativen Textes ist es, sich mit einem umstrittenen Thema argumentativ auseinanderzusetzen und dabei eine Position zu stärken. Typische Beispiele für solche Texte sind **Leitartikel** *(leaders)*, **Leserbriefe** *(readers' letters)*, **politische Reden** *(political speeches)* und viele **Aufsätze** *(essays)*.
Normalerweise besteht ein argumentativer Text aus drei Teilen:

Einführung

(Introduction)
In der Einführung wird die eigene Meinung bzw. Position des Verfassers präsentiert. Außerdem wird oft der Anlass oder Hintergrund des Textes angegeben.

Mittelteil

(Development)
Im Mittelteil werden die **Argumente** und **Beweise** *(arguments and evidence)* für die Position des Autors vorgebracht. Wenn das Thema besonders umstritten ist (wie z. B. die Rechtmäßigkeit von Euthanasie oder die Legalisierung von Drogen), dann kann der Mittelteil in zwei Abschnitte unterteilt sein, die beispielsweise mit **Mittelteil I *(development I)*** und **Mittelteil II *(development II)*** beschrieben werden. **Mittelteil I *(development I)*** enthält allgemeine Argumente gegen die Ansicht des Verfassers („Kontra-Argumente" oder „Kontra"), während **Mittelteil II *(development II)*** die Argumente für die Ansicht des Verfassers anführt („Pro-Argumente" oder „Pro").

Schlussfolgerung

(Conclusion)
Der letzte Absatz besteht aus einer Wiederholung der eigenen Position, oft mit einer Zusammenfassung der wichtigsten Gründe, die zu dieser Meinung geführt haben.

Beispiel für einen argumentativen Text:

Introduction
SIR – I was interested to read your report on 27 December about a German judge who banned CompuServe, an Internet provider, from giving its

subscribers access to newsgroups offering child pornography on the Internet. This has caused an outcry and anti-German feeling in the USA, but in my view the judge should be given all possible support.

Development I
Critics of censoring the Internet give three reasons for their opinion. To begin with, in the Munich case, the provider had to block access to all its subscribers worldwide to stop German subscribers from receiving the illegal websites. This, say critics, is unacceptable because the huge majority of these subscribers live outside Germany.
Secondly, child pornography is one thing, but who ultimately decides what should be censored? If you allow governments and courts to censor the Internet, then it won't be long before you have political and religious censorship as well.
Thirdly and finally, critics argue, the Munich judge was wrong to say that the provider was breaking the law. This, they claim, is like saying that the maker of a car used in a bank robbery is responsible for the crime. The German laws on child pornography were not broken by the provider, but by Internet users in Germany who went into websites that are illegal there.

Development II
These arguments are, however, plainly absurd. The Munich judge should be supported by ordinary people everywhere who are dismayed and disgusted by some of the material on the Internet.
Pornography is bad enough, but I am told that other websites are offering detailed information on such subjects as how to make a bomb, how to get round airport security checks, how to find out somebody's PIN code and even how to commit the perfect murder.

Conclusion
All these things are censored in other media - books and films, for example - and I see no reason why they should not be censored on the Internet as well.

Robert Snow, Oxford

1.6 Appellative Sachtexte

Persuasive texts

Der geläufigste appellative Text (Text mit Aufforderungscharakter) ist die **Werbeanzeige** *(advertisement* oder *ad)*. Hier steht die Absicht im Vordergrund, den Betrachter, also den potenziellen Käufer, dazu zu bringen, sich für ein bestimmtes Produkt zu entscheiden. Solche Anzeigen weisen natürlich auch **informative Elemente** *(informative elements)* auf, aber das wirkliche Ziel ist nicht, objektiv zu informieren, sondern von einem Produkt zu überzeugen. Es ist quasi die Kunst eines Anzeigentexters *(copywriter)*, **überzeugende Elemente** *(persuasive elements)* unterschwellig und fast versteckt arbeiten zu lassen.

Appellative Texte zeigen folgende sprachliche Merkmale:

- Anwendung des Imperativs (Befehlsform)
- Anwendung von Fragen, die direkt an den Leser gerichtet werden
- Anwendung von informeller Sprache, z. B. Kurzformen *(short forms)*
- Gebrauch von Wiederholung *(repetition)*
- Gebrauch von Auflistungen *(enumeration)*
- Gebrauch von Übertreibung, z. B. starke Adjektive *(hyperbole, e.g. strong adjectives)*
- Gebrauch von Grafiken und Bildern *(graphics and illustrations)*
- Einsatz von drucktechnischen Mitteln *(printing techniques)* wie Fettdruck *(bold print)*, Kursivdruck *(italic print)*, Spiegelstrich *(dash)* usw.
- Information zur Bezugsquelle *(source of supply)*

Beispiel für einen wirkungsvollen Werbetext:

> *You send out an important shipment.*
> *They tell you they haven't got it. They tell you they can't find it. They tell you no one there seems to know anything about it. It's enough to make you crazy. But when you ship with UPS, it's something you never have to deal with. With UPS computerised package tracking, you can use your PC and UPS OnLine Tracking Software or the Internet to access instant information about the current status of your package including the exact time of delivery and even the name of the person who signed for it. (This unique technology is so advanced, it even allows you to view the actual signature on your computer screen.) So next time someone signs for your package and you want to know whodunnit, ship it UPS and consider it done.*
> *www.ups.com* ◂

Texte werden als **fiktional** *(fictional texts)* bezeichnet, wenn sie frei erfunden oder erdichtet sind. Heute sind die meisten fiktionalen Texte **Romane** *(novels)* und **Kurzgeschichten** *(short stories)*, obwohl **Theaterstücke** *(plays)*, **Liedtexte** *(song lyrics)*, **Gedichte** *(poems)*, **Comics** und viele **Cartoons** ebenfalls dieser Textkategorie *(text category)* zugeordnet werden können.

1.7 Kurzgeschichten

Short stories

Vokabular	*Vocabulary*
Höhepunkt	*climax*
Person	*character*
↗ S. 36 ff., Charakterisierung	
Hauptperson	*main character*
Nebenperson	*minor character*
Konflikt	*conflict*
↗ S. 39 f., Handlung, Schritt 3	
Konfliktsituation	*conflict situation*
Konfliktlösung	*resolution of a conflict*
Episode	*episode*
kurze Episode	*brief episode*
Ereignis	*event*
Kette von Ereignissen	*chain of events*
Schlüsselereignis	*key event*
Einleitung	*exposition*
Umfang	*length*
Handlung	*plot*
↗ S. 37 ff., Handlung	
aktive Handlung	*action*
Handlungslinie	*storyline*
Erzählperspektive	*point of view*
↗ S. 33 ff., Erzählperspektive	
Handlungsort, Kulisse	*setting*
↗ S. 29 ff., Handlungsort	
Raum	*space*
begrenzter Raum	*limited space*
Spannung	*tension*
steigende Spannung	*rising tension*
abnehmende Spannung	*falling tension*
Lösung der Spannung	*release of tension*
Spannungslinie	*tension line*
Auslöser	*trigger*
Wendepunkt	*turning point*
↗ Vokabular S. 20, 26, 29 f., 37 f.	

Zur Form der Kurzgeschichte machte einmal der englische Autor H. H. Munro – unter seinem Schriftstellernamen „Saki“ selbst ein erfolgreicher Verfasser von Kurzgeschichten – folgende Bemerkung:

- *The only sensible thing I can say about short stories is that they are short.*

Damit wollte Munro offensichtlich sagen, dass Kurzgeschichten äußerst vielfältig *(diverse)* sind. Seiner Meinung nach gibt es keine allgemeingültige Definition von Kurzgeschichten – außer natürlich, dass sie eben kurz sind.

Die meisten Kurzgeschichten zeigen jedoch sehr wohl gewisse **typische Merkmale** *(common features)*. Vergessen Sie trotzdem nicht beim Lesen der folgenden Definition der Textgattung Kurzgeschichte, dass es viele **Ausnahmen** *(exceptions)* oder mindestens **Teilausnahmen** *(partial exceptions)* gibt.

Die Form von Kurzgeschichten

The form of short stories

- Der Umfang von Kurzgeschichten ist verhältnismäßig knapp.
- Bei den meisten Kurzgeschichten handelt es sich um eine kurze Episode, die im Leben der Hauptperson(en) von **entscheidender Bedeutung** *(of decisive importance)* ist. Daher werden Kurzgeschichten oft mit einem Schnappschuss verglichen.
- Meist kommen ein bis zwei Hauptpersonen vor. Sehr oft befasst sich die Geschichte nur mit einer Person und ihrer **Realitätswahrnehmung** *(perception of reality)*.
- Wenn Nebenpersonen eingesetzt werden, so agieren sie normalerweise als Zuhörer bzw. **Auslöser** *(trigger)*.
- Meist dauert die Handlung nur ein paar Stunden.
- Gewöhnlich findet die Handlung auf begrenztem Raum statt, z. B. in einem Zimmer oder in einem Garten.
- Ein weitreichender **Szenenwechsel** *(change of scene)* kommt in Kurzgeschichten nur selten vor.
- Eine Kurzgeschichte bewegt sich auf einen Höhepunkt und einen dadurch ausgelösten Wendepunkt hin. ↗ Konflikt in der Literatur, S. 39 f., Schritt 3

Die Struktur von Kurzgeschichten

The structure of short stories

Kurzgeschichten setzen sich meist aus vier Teilen zusammen *(... can **fall into/be divided into** four parts/sections)*:

1 In der **Einleitung** *(exposition)* stellt der Autor den Handlungsort der Geschichte dar und stellt die Hauptperson(en) vor.

NOTICE Autoren verzichten manchmal auf eine Einleitung. Die Handlung beginnt also „mittendrin“.

2 Unmittelbar nach der Einleitung folgt ein längerer Teil, der von steigender Spannung gekennzeichnet ist. Der Autor beschreibt eine Schlüsselsituation bzw. ein Schlüsselereignis im Leben der Hauptperson(en). Meist führt dann eine Kette von Ereignissen zu einer stufenartigen Steigerung der Spannung.

3 Der Höhepunkt einer Kurzgeschichte wird erreicht, wenn die Konfliktsituation, in der sich die Hauptperson(en) befindet(n), gelöst wird. Diese Lösung stellt einen Wendepunkt im Leben der Person(en) dar.
4 Der vierte und abschließende Abschnitt einer Kurzgeschichte ist oft durch eine sehr abrupt abnehmende Spannung gekennzeichnet.

Sie können die Struktur einer Kurzgeschichte gut anschaulich machen, indem Sie eine **Spannungskurve** *(tension line)* - wie unten abgebildet - anfertigen.

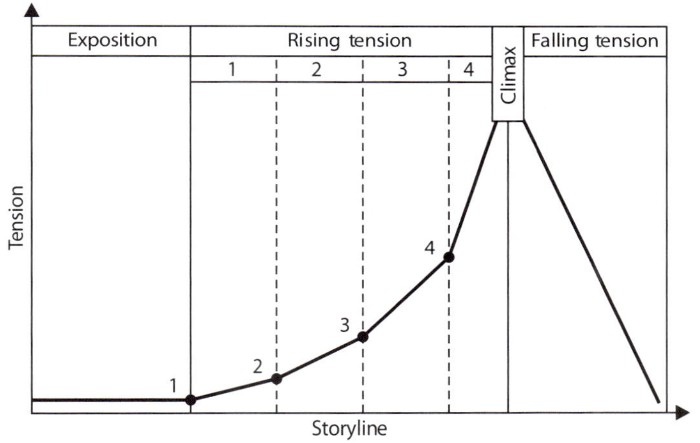

Die horizontale Achse stellt die **Handlungslinie** *(storyline)* dar, die vertikale Achse beschreibt die Spannung.
Die **Kopfleiste** *(headings)* zeigt die vier Abschnitte der Handlung. Die Punkte - in diesem Fall 1 bis 4 -, an denen die Spannungskurve ihre Richtung ändert, sind die Schlüsselereignisse, die eine zunehmende Spannung erzeugen.
Der Gipfel der Kurve stellt den Höhepunkt und den darauf folgenden Wendepunkt dar. Danach fällt die Kurve steil ab.

1.8 Gedichte

Poems

Vokabular	*Vocabulary*
Poesie	*poetry, verse*
Gedicht	*poem*
episches Gedicht	*epic poem*
Liebesgedicht	*love poem*
lyrisches Gedicht	*lyrical poem, lyric*
erzählendes Gedicht	*narrative poem*
satirisches Gedicht	*satirical poem*
Dichter(in)	*poet*
Reim	*rhyme*
Reimschema	*rhyme scheme*
Kreuzreim	*cross-rhyme*
Endreim	*end-rhyme*
interner Reim	*internal rhyme*
Reimpaar	*rhyming couplet*
Rhythmus	*rhythm*
Metrik	*metre*
Hebung	*stress*
Hebungsmuster	*stress pattern*
gleichmäßige Hebung	*regular stress*
ungleichmäßige Hebung	*irregular stress*
Strophe	*stanza, verse*

Merkmale eines Gedichts

Features of a poem

Traditionell ist ein Gedicht durch **formale Merkmale** *(formal features)* wie Reimschema, Rhythmus, Metrik und eine charakteristische äußere Form gekennzeichnet.
Das Reimschema wird mit Buchstaben dargestellt. Gleich klingende Endreime erhalten den gleichen Buchstaben.
Das Reimschema der folgenden Strophe von E. Lear lautet:
A – B – C – B – D – E – D – E – E – E – E

The Owl and the Pussy-Cat
The Owl and the Pussy-Cat went to sea
In a beautiful pea-green boat:
They took some honey, and plenty of money
Wrapped up in a five-pound note.
The Owl looked up to the stars above,
And sang to a small guitar,
"O lovely Pussy, O Pussy, my love,
What a beautiful Pussy you are,
You are,
You are!
What a beautiful Pussy you are!"
(Edward Lear)

internal rhyme:
sea – pea
honey – money
end-rhyme:
boat – note
end-rhyme:
above – love
end-rhyme:
guitar – are

Der Rhythmus eines Gedichtes ist durch die Metrik, also das **Hebungsmuster** *(stress pattern)* der Zeilen, bestimmt.
In der **Literaturwissenschaft** *(literary criticism)* wird das Versmaß eines Gedichtes mit ziemlich komplizierten technischen Begriffen wie z. B. *iambic pentameter* bezeichnet.
Hier ist es aber wichtiger, die unterschiedliche Auswirkung einer gleichmäßigen Hebung und einer ungleichmäßigen Hebung zu erkennen.

Meistens haben traditionelle Gedichte eine gleichmäßige Hebung. Dies erzeugt ein Gefühl der Vorwärtsbewegung und eines ungestörten Ablaufs, wie z. B. in diesem Gedicht über einen Postzug. Der Rhythmus des Gedichtes gleicht dem Ra-ta-ta-ta des Zuges:

This is the Night Mail crossing the Border,
Bringing the cheque and the postal order, — *Postanweisung*

Letters for the rich, letters for the poor,
The shop at the corner, and the girl next door.

Pulling up Beattock, a steady climb:
The gradient's against her, but she's on time.

Past cotton-grass and moorland boulder, — *Felsbrocken*
Shovelling white steam over her shoulder, — *schaufeln*

Snorting noisily, she passes
Silent miles of wind-bent grasses.

(from: W. H. Auden, Night Mail)

Viele moderne Gedichte dagegen haben eine ungleichmäßige Hebung. Dies bringt ungewöhnliche Gedanken und Perspektiven besser zum Ausdruck, wie z. B. in dem folgenden Gedicht. Der Dichter bestimmt, was eines Tages mit seiner Leiche geschehen soll:

I desire that my body be
properly clothed. In such things
as I may like at the time.

And in the pockets may there be
placed such things as I use at the time
as, pen, camera, wallet, file.

And I desire to be laid on my side
face down: since I have bad dreams
if I lie on my back.

(from: George Macbeth, When I am Dead)

1.9 Dramen

Plays

Vokabular	*Vocabulary*	
Theater und Bühne	***theatre and stage***	
Bühnenarbeiter(in)	*stagehand*	
Bühnenbeleuchtung	*stage lighting*	
Bühnenbild	*stage design, set*	
Bühnenbildner(in)	*stage/set designer*	
Inspizient(in)	*stage manager*	
Intendant(in)	*theatre manager, artistic director*	
Kulissen	*wings*	Plural!
Orchestergraben	*orchestra pit*	
Parkett	*stalls*	
Prospekt	*backcloth, backdrop*	
Publikum	*audience*	
Requisiten	*props*	Plural!
Requisiteur(in)	*property manager*	
Vorhang	*curtain*	
Zuschauer(in)	*spectator*	
Zuschauerraum	*auditorium*	
Theaterstücke	***plays***	
Akt	*act*	
Bewegung	*movement*	
Bühnenanweisungen	*stage directions*	Plural!
Bühnenbearbeitung	*stage adaptation*	
Bühnenstück	*play*	
Auflösung	*denouement*	
Dialog	*dialogue*	
Drama	*drama*	
Dramatiker	*playwright, dramatist*	Schreibweise!
Geräuscheffekt	*sound effect*	
Gesichtsausdruck	*facial expression*	
Gestik	*gesture*	
Inszenierung	*production of play, direction of actors*	
Katastrophe	*catastrophe*	
Komödie	*comedy*	
Konflikt	*conflict*	
Konfliktlösung	*resolution of a conflict*	
Konfliktsituation	*conflict situation*	
Monolog	*monologue*	
Regisseur(in)	*director*	
Rolle	*part, role*	
Sprechende Rolle	*speaking part*	nicht ~~role~~!
Nicht sprechende Rolle	*non-speaking part*	nicht ~~role~~!
Schauspieler(in)	*actor*	Männer **und** Frauen (besser als *actress*)!
Souffleur, Souffleuse	*prompter*	
Statist(in)	*extra, walk-on part*	nicht ~~role~~!
Szene	*scene*	
Theaterstück	*play*	
Tragödie	*tragedy*	

Äußere Merkmale eines Theaterstücks

Exterior features of a play

Der Zuschauer eines Theaterstücks kann Informationen aus vier Quellen erhalten:

- gesprochener Dialog — *spoken dialogue*
- Bewegung, Gestik, Gesichtsausdruck — *mime, gesture, facial expression*
- das Bühnenbild — *stage design*
- (u. U.) Begleitmusik — *accompanying music*

Der gesprochene Dialog und die Bewegungen (inklusive Gestik und Mimik) der Schauspieler stellen die Handlung (↗ S. 37 ff.) und die Charakterisierung dar.

NOTICE Der Dialog wird als direkte Charakterisierung und die Bewegung als indirekte Charakterisierung genutzt. ↗ S. 36 f.

Das Bühnenbild stellt den Handlungsort dar. ↗ S. 29 f. Die Bühnenanweisungen des Dramatikers hinsichtlich **Ausdrucksweise** *(mode of expression)* und der Art und Weise der Bewegung der Schauspieler werden im Text in Klammern und einer anderen Schriftart angegeben.

In der Regel werden Theaterstücke in Akte und diese wiederum in Szenen unterteilt. (↗ die innere Struktur, s. unten)

Die innere Struktur eines Theaterstücks

The interior structure of a play

Viele fiktionale Texte befassen sich mit der Darstellung, der Weiterentwicklung und schließlich mit der Lösung eines Konfliktes (↗ S. 40). Bei vielen Theaterstücken spiegelt die äußere Unterteilung des Stückes in Akte (s. unten) diese **Entwicklungslinie** *(line/path of development)* wider. Bei einem klassischen Theaterstück von fünf Akten sieht das Verhältnis zwischen der äußeren und der inneren Struktur meistens etwa so aus:

ERSTER AKT **Einleitung** *(exposition)*: Vorstellung der Hauptpersonen und des Handlungsortes; erste Andeutung der Konfliktsituation.

ZWEITER AKT **Zunehmende Spannung** *(rising action)*: Der Konflikt nimmt an Schärfe zu; andere Personen werden hineingezogen und bilden entgegengesetzte Gruppen.

DRITTER AKT **Höhepunkt** *(climax)*: Der Konflikt erreicht seinen Höhepunkt.

VIERTER AKT **Abnehmende Spannung** *(falling action)*: Die Konfliktsituation verliert an Schärfe, bleibt aber bestimmend. Zu diesem Zeitpunkt ist es immer noch nicht klar, wie die Geschichte zu Ende gehen wird.

FÜNFTER AKT **Lösung des Konfliktes** *(denouement)*: Je nach Art des Stückes gibt es hier verschiedene Möglichkeiten. Bei klassischen Tragödien - wie z. B. bei Shakespeares *Hamlet* oder *Macbeth* - stellt die Lösung des Konfliktes immer eine vernichtende Katastrophe dar. Bei Komödien dagegen handelt es sich um eine glückliche Lösung des Konfliktes, der sich oft als ein Missverständnis oder eine Verwechslung entpuppt. Danach gibt es natürlich das berühmte *happy ending*.

1.10 Romane

Novels

Vokabular	*Vocabulary*
Erzähler, Beobachter	*narrator*
allwissender Beobachter	*omniscient third person narrator*
außenstehender Beobachter	*limited third person narrator*
Ich-Erzähler	*first person narrator*
typenhafter Charakter ohne Entwicklung	*flat character*
vielschichtiger Charakter mit vielschichtiger Entwicklung	*round character*
Kapitel	*chapter*
Nebenhandlung	*sub-plot*
Romanautor(in)	*novelist*
Rückblende	*flashback*

↗ Ergänzung zum Vokabular S. 13, 26, 29 f., 37 f.

Merkmale

Features

Ein Roman ist ein längeres fiktionales Prosawerk. Normalerweise beschäftigt sich ein Roman in einem längeren Zeitraum mit mehreren Hauptpersonen, ihrem **sozialen Umfeld** *(social environment* oder *milieu)*, ihren Handlungen und ihren **zwischenmenschlichen Beziehungen** *(interpersonal relationships)*. Ein Romanautor benutzt viele **Nebenpersonen** *(flat characters)*, häufige **Szenenwechsel** *(changes of scene)*, Nebenhandlungen und Rückblenden, um die Hauptpersonen zu charakterisieren und um die Handlung realistisch erscheinen zu lassen *(to make the plot realistic)*.

Die Handlung kann entweder aus der Sicht eines Ich-Erzählers oder eines Beobachters beschrieben werden.
Der Beobachter kann entweder als ein allwissender Erzähler oder als ein nur am Rande beteiligter oder ganz außenstehender Beobachter auftreten. (↗ Erzählperspektive, S. 33 ff.)

2 Schriftsteller und ihre Gestaltungsmittel

2.1 Sprachgebrauch und Stilmittel

Use of language and stylistic devices

Schriftsteller benutzen Sprache und Stilmittel unterschiedlich, um sich verständlich und anschaulich auszudrücken. Unter Sprachgebrauch verstehen wir a) Wortwahl und b) Stil, z. B. formell oder umgangssprachlich. Stilmittel ist ein Sammelbegriff für bestimmte sprachliche Mittel, wie z. B. Vergleich, Auflistung und Übertreibung.

Wortwahl

Choice of words

Vokabular	*Vocabulary*
eindringliche, hervorhebende, betonende Sprache	*emphatic language*
Mittel der Hervorhebung	*means of emphasis*
bildhafte Sprache	*metaphorical language*
derbe Sprache	*coarse language*
formelle Sprache	*formal language*
informelle Sprache	*informal language*
gefühlsbetonte Sprache	*emotive language*
gesprochene Sprache	*spoken language*
Schriftsprache	*written language*
Gesprächsmittel	*conversational device*
Sprachebene	*level of language*
Sprachgebrauch	*usage*
Stil	*style*
Umgangssprache	*colloquial language*
unpersönliche Sprache	*impersonal language*
Unterhaltung	hier: *conversation*
Wortschatz	*vocabulary*
Wortwahl	*choice of words*

Emotive language

Vor allem in den Massenmedien, in Leserbriefen, in der Werbung und in politischen Reden wird bewusst eine gefühlsbetonte Sprache verwendet, um Interesse zu wecken und zu erhalten. In erster Linie ist eine solche Sprache durch den Gebrauch von starken Adjektiven und Adverbien *(reinforcers)* geprägt.

Hier ist ein Beispiel aus einem Leserbrief über das Schicksal von Kindern australischer Ureinwohner:

> SIR – As an Australian living in London I was really disgusted by your report about the awful fate of Aborigine children kidnapped from their natural parents at birth to be brought up as so-called civilised Europeans in white families and institutions. What made me explode was that your report was nothing more than a cowardly attempt to whitewash a truly horrifying event in Australia's, and Britain's, history. (...)

Emphatic language

Hervorhebende sprachliche Mittel *(means of emphasis)* werden häufig gebraucht, um einer Argumentation bzw. Begründung Nachdruck zu verleihen. Solche Mittel sind z. B.

1 Ausdrücke wie *Good heavens*, *What on earth ...?* usw.

2 Gebrauch von derben Wörtern wie *bloody*, *bugger* usw.

3 Anwendung von *do* in bejahten Sätzen, z. B. *Even those who* ***do go*** *on foreign holidays take little interest in the local culture.*

4 Anwendung von *self*-Pronomen, z. B. ***The driver*** *wasn't hurt in the accident that* ***he himself*** *had caused.*

5 Gebrauch von *It is/was* + Nomen + Relativpronomen am Satzanfang, z. B. ***It was Mary who*** *told me that silly story.*

6 Gebrauch von *-ever*, um Fragewörter zu betonen, z. B. ***Whatever*** *are you talking about?;* ***However*** *did you get that idea?*

7 Anwendung von Adverbien des Ortes, der Zeit und der Häufigkeit am Satzanfang, z. B. *There are only three political parties in England.* ***In Scotland and Wales*** *there are four. Mary usually comes home at about six.* ***On Fridays*** *she has to work late.*

Metaphorical language

Im Englischen wird sehr häufig bildhafte Sprache (↗ *imagery*, S. 26) verwendet. In den Medien stammen die „Bilder“ oft aus der Welt des Sports und – leider – des Kriegs.

Hier ist ein Beispiel:

> In the House of Commons yesterday, John Harper, the militantly anti-European MP for South Wessex, attacked the government on Europe. Speaking directly to Tony Blair, Mr Harper said that it was time to give up "retreating from the trenches" and "surrendering ground to the army of Brussels bureaucrats". The government should "launch a massive offensive" against the EU and "bring up the big guns to defend British sovereignty".

Impersonal language

Bei den genannten Beispielen handelt es sich in erster Linie um die Verwendung von bewusst **farbenfroher Sprache** *(technicolour language)* zur Betonung und zur Steigerung des Leserinteresses. Bei anderen Textsorten, z. B. bei Leitartikeln in der seriösen Presse, formellen Berichten, Vorträgen usw., wird eine maßvollere, sachlichere, „unpersönlichere“ Sprache gewählt.

Solche *impersonal language* ist durch die folgenden Merkmale gekennzeichnet:

1 Vermeidung von *conversational devices* wie **Kurzformen** und **Bestätigungsfragen**

2 Gebrauch des **Passivs**, z. B. *Tobacco advertising on TV* ***has been forbidden*** *throughout the EU. Advertising during children's programmes* ***is controlled*** *by law.*

3 Gebrauch des **unpersönlichen Passivs**, z. B. ***It is said*** *(that) the minister will resign tomorrow.* ***It is sometimes claimed*** *that tea is healthier than coffee.*

4 Gebrauch des **persönlichen Passivs**, z. B. ***The firm is said to have got*** *a big order from China.* ↗ auch Formeller Stil, s. unten

Stil

(Style)

In allen Sprachen wird zwischen einem informellen (umgangssprachlichen) Stil und einem formellen Stil unterschieden.

In manchen Sprachen sind diese Sprachebenen durch ziemlich komplizierte Regeln gekennzeichnet wie z. B. die *Sie-* und *Du-*Form im Deutschen. Das Englische dagegen kennt keine so deutliche Trennung von Stilebenen.

Trotzdem kommen im Englischen natürlich Wörter und Strukturen vor, die eher in formellen Situationen gebraucht werden, und eine ganze Reihe von Wörtern und Sprachanwendungen, die in solchen Situationen vermieden werden sollten, was genauso wichtig ist. Abgesehen von privaten Briefen und Denkzetteln ist die Schriftsprache generell formeller als die Redesprache.

Formeller/Gehobener Stil

Ein gehobener Stil ist durch folgende Merkmale gekennzeichnet:

1 Anwendung eines **gehobenen Wortschatzes**, der oft romanischen Ursprungs ist, wie z. B.:

■ ***arrived at*** *the office*	statt	***got to*** *the office*
■ *the meeting* ***commenced***		*the meeting* ***began***
■ ***contravened*** *the law*		***broke*** *the law*
■ ***enquired*** *about room*		***asked*** *about rooms*
■ ***repaired*** *the damage*		***fixed*** *the damage*
■ ***replied to*** *the letter*		***answered*** *the letter*

2 **Vermeidung** von Sprachanwendungen der **gesprochenen Sprache** wie Kurzformen und Bestätigungsfragen (↗ auch Informeller Stil, s. unten)

3 Gebrauch **längerer Satzgefüge** *(complex sentences)* statt einfacher Sätze, z. B.:

- *The defence told the judge* ***hearing*** *the case that* ***on arriving*** *home the accused had phoned his niece in York, a fact* ***later confirmed*** *by the person concerned.*

4 Häufiger Gebrauch des **Partizips** anstelle eines Relativsatzes:

- *The prime minister spoke personally to MPs* ***thinking*** *of voting against the government.*
- *The bomb* ***dropped*** *on Hiroshima changed the world.*

5 **Vermeidung** von **abgekoppelten Präpositionen**, z. B.:

- *Can you tell me* ***in which*** *house the Greens live, please?* statt: *Can you tell me* ***which*** *house the Greens live* ***in****, please?*
- ***To whom*** *were you speaking just now?* statt: ***Who*** *were you speaking* ***to*** *just now?*

↗ auch Impersonal language, S. 24

Informeller Stil

Ein informeller Stil ist durch diese Merkmale gekennzeichnet:

1 Anwendung eines **informellen, konkreten Wortschatzes** (häufig germanischen Ursprungs), wie z. B.:

■ ***come/go into*** *a room*	statt	***enter*** *a room*
■ ***cook*** *a meal*		***prepare*** *a meal*
■ ***get to know*** *a person*		***become acquainted*** *with a person*
■ ***go to*** *school*		***attend*** *school*
■ ***live*** *in a place*		***reside*** *in a place*
■ ***mislead*** *a person*		***deceive*** *a person*
■ ***take part in*** *a meeting*		***participate in*** *a meeting*

2 Gebrauch von **Sprachanwendungen der gesprochenen Sprache**:

■ ***short forms, question tags***

- ***I don't*** *suppose* ***you've*** *seen Jane,* ***have you****?*

- *attention catchers*
  - ***Look here**, I'll meet you in the pub at 7, okay?*
  - ***By the way**, have you seen Jane lately?*
  - ***Before I forget**, I'll be home an hour late tomorrow.*
- *hesitaters*
  - ***Where were we? Oh, yes, as I was saying**, I saw Jane ...*
  - ***Hold on a minute**, did you say you saw Jane at Jim's party?*
  - ***Let me think**. Yes, okay, that'll be all right.*
- *indeterminate starters*
  - ***Well**, I suppose I could give you a lift.*
  - ***Now**, as I was saying, I saw Jane last night.*
  - ***Oh dear**, what happened then?*
- *emphasising expressions*
  - ***Good heavens**, that must've been awful for you!*
  - ***What on earth are you talking about?** That's completely untrue.*
  - ***For heaven's sake** let me finish what I was saying.*

Stilmittel

Stylistic devices

Vokabular	*Vocabulary*
Assonanz	*assonance*
Auflistung	*enumeration*
Ironie	*irony*
ironische Sprache	*ironical language*
Kontrast	*contrast*
Metapher	*metaphor*
Metaphorik	*imagery*
Onomatopöie	*onomatopoeia*
Personifikation	*personification*
rhetorische Frage	*rhetorical question*
Stabreim	*alliteration, head rhyme*
Stilmittel	*stylistic* oder *literary device*
Übertreibung	*hyperbole*
Untertreibung	*understatement*
Vergleich	*simile*
Verkörperung	*personification*
Wiederholung	*repetition*

↗ Ergänzung zum Vokabular S. 13, 20, 29 f., 37 f.

In der Literatur versteht man unter *imagery* Stilmittel wie *metaphor* (↗ 7 unten), *metaphorical language* (↗ Metaphorical language, S. 23) oder *simile* (↗ 12 unten), die eine Person, Sache oder Idee mit einer anderen vergleichen.

1 *Alliteration*

Alliteration ist eine Serie von **gleich klingenden Anfangslauten** *(initial sounds)* in zwei oder mehr aufeinanderfolgenden Wörtern:
In those days, at such schools rules were strict and punishment public, prompt and painful.

2 *Assonance*

Bei einer Assonanz sind die Vokale innerhalb einer Wortreihe gleich klingend (↗ 1 *Alliteration*, s. oben), z. B.:
Abou Ben Adhem (may his tribe increase!)
Awoke one night from a deep dream of peace,
And saw within the moonlight in his room,
Making it rich, and like a lily bloom,
An angel writing in a book of gold:
(from: Leigh Hunt, Abou Ben Adhem)

3 *Contrast*

Contrast ist der bewusste Gebrauch von Wörtern von gegenteiliger oder sehr stark kontrastierender Bedeutung, um einen Unterschied hervorzuheben, z. B.:
Nobody could understand how such a sweet and gentle girl could fall for such a coarse and vulgar brute.

4 *Enumeration*

Eine Auflistung von drei oder mehr Personen, Sachen oder Ideen, die als Mittel zur Hervorhebung benutzt wird:
In addition to banks, shareholders and managers, sometimes tens of thousands of workers, subcontractors and suppliers - not to mention their families - are also affected when a company is taken over.

5 *Hyperbole*

Hyperbole ist die bewusste Übertreibung einer Aussage mit dem Ziel, etwas zu betonen, z. B.:
Nobody with the slightest knowledge of BSE can possibly deny that British beef is now not only the safest beef in the world, but the safest beef there's ever been.
(Tony Banks, British minister of agriculture, in a radio interview, 28 October 1999)

6 *Irony*

Irony sagt meist das Gegenteil des Gemeinten, z. B.:
Now we can see where Mr Major's enlightened and far-sighted policies at "the very heart of Europe" have led us: into isolation on the edge of events.

Bittere Ironie heißt *sarcasm*. Die Kombination von Ironie, Übertreibung und Spott ist typisch für Satire.

7 ***Metaphor***

Eine Metapher ist **nicht** eine andere Bezeichnung für Vergleich (↗ 12 *Simile*, S. 29)! In einer Metapher wird behauptet, eine Person oder eine Sache sei tatsächlich eine ganz andere Person oder Sache. Es wird also nicht nur verglichen, sondern in einer bildhaften Übertragung gleichgesetzt:

Sometimes too hot the eye of heaven shines, And often is his gold complexion dimm'd (from: Shakespeare, Sonnet 18)

8 ***Onomatopoeia***

Wörter, die ihre Bedeutung lautmalerisch darstellen:

The water rushed, bubbled, gushed and gurgled over the rocks.

9 ***Personification***

Eine Sache oder ein Tier wird mit menschlichen Merkmalen dargestellt, z. B. so:

The Titanic *was the most advanced ship of her age. Her builders claimed that she was unsinkable.*

10 ***Repetition***

Repetition ist die bewusste Wiederholung derselben Idee oder von Wörtern zu deren Betonung, z. B.:

There was friendship and anonymity: no one was curious about another person; you told what you wanted known, and several people used nicknames to hide their real identities, calling themselves after cartoon characters or animals or by any other designation which caught their fancy. You could lose your true self here, as she had done for months. She had managed to blank out what had really caused her to seek refuge among the protesters.

(from: Margaret Yorke, False Pretences, Little, Brown and Company, 1998)

11 ***Rhetorical question***

Eine rhetorische Frage ist eine Frage, die keine Antwort erwartet. Sie wird meist vom Fragesteller selbst beantwortet, z. B.:

People like the last caller always talk about a "tiny minority", but just how tiny is "tiny"? Ten? Twenty? A few hundred? Or are we in fact talking of thousands? About walkers, picnickers, campers and mountain-bikers destroying the very countryside that they claim to love so much?

(from: a BBC phone-in on opening up the British countryside to walkers)

12 ***Simile*** (↗ auch **7** *Metaphor)*

Ein *simile* vergleicht eine Person, Sache oder Idee mit einer anderen. *Similes* werden immer durch *like* bzw. *as* eingeleitet, wie z. B. in den folgenden Sätzen:

A lot of people don't understand just how powerful the British House of Commons is. Its power is as absolute as that of a medieval monarch. The Commons alone can make laws, raise taxes, enter into treaties and go to war. Britain has no written constitution like the German Grundgesetz *and no constitutional court like the* Verfassungsgericht *in Karlsruhe. Britain has no federal states like the German* Länder *with parliaments, courts and powers of their own. While the House of Lords can advise the government, it cannot block laws as the German* Bundesrat *can. In other words, Britain is governed by an "elected dictatorship".*

13 ***Understatement***

Understatement ist das Gegenteil von *hyperbole* (↗ **5** oben). Der Ernst einer Situation oder Handlung wird bewusst untertrieben, um ihre Bedeutung zu betonen. Also ist *understatement* eine Form der Ironie (↗ **6** oben), wie z. B. hier:

Philip was not only put out (verärgert) *by Sarah's wish to resume her university studies, but also a little worried by it. What had happened to his docile wife, who had always been so willing to defer to his judgement?*

2.2 Handlungsort und Atmosphäre

Setting and atmosphere

Vokabular	*Vocabulary*
Antiheld	*anti-hero*
Atmosphäre	*atmosphere*
äußere Erscheinung	*outer appearance*
geistige Verfassung	*state of mind, mood*
Gesichtsausdruck	*facial expression*
Handlungsort	*setting*
Beschaffenheit des H.orts	*nature of the setting*
Held/Heldin	*hero/heroine*
hervorheben	*(to) highlight*
Körperbau	*physique*
Körperhaltung	*posture*
Körpersprache	*body language*
menschliche Beziehung	*human relationship*
Person	*character*
Hauptperson	*major/full character*
Nebenperson	*minor/flat character*
Raum	*space*
begrenzter Raum	*limited space*

unbegrenzter Raum	*unlimited space*
sich eingeengt fühlen	*(to) feel restricted*
soziales Umfeld	*social environment, milieu*
Verhältnis	*relationship*
Wahrnehmung	*perception*
Wechselspiel	*interplay, interaction*
Wetterverhältnisse	*weather conditions*
widerspiegeln	*(to) mirror*

↗ Ergänzung zum Vokabular S.13, 20, 26, 37 f.

In der Literatur ist das Verhältnis zwischen Handlungsort und der/den Hauptperson(en) oft sehr wichtig. Der Autor oder die Autorin kann entweder die Eigenschaften des Handlungsortes einsetzen, um die geistige Verfassung der Person(en) widerzuspiegeln, oder er bzw. sie kann einen starken Kontrast erzeugen, um die geistige Verfassung der Person(en) hervorzuheben.
Dieses Wechselspiel zwischen Handlungsort einerseits und Hauptperson(en) andererseits macht zu einem nicht geringen Teil die Atmosphäre eines fiktionalen Textes aus.

Hier sind zwei Beispiele dieses Wechselspiels zwischen Handlungsort und Hauptperson(en):

Wetterverhältnisse

One cold Saturday, Jimmy Brax and Eileen Tawton went on a coach trip to Broadstairs. The year was 1966 and it was summer. It was the first time they had ever been on such an outing together.
It rained. A sharp north wind roared all the way down the coasts of Suffolk, Essex and Kent before blowing itself out somewhere in the Channel Islands. Jimmy and Eileen sat under a shelter on the front and ate the sandwich lunch they had brought with them.

(from: Ruth Rendell, A Sight for Sore Eyes, Dell Publishing, New York, 1998)

Statisten

After dinner I sat and waited for Pyle in my room over the rue Catinat: he had said, "I'll be with you at latest by ten," and when midnight had struck I couldn't stay quiet any longer and went down into the street. A lot of old women in black trousers squatted on the landing: it was February and I suppose too hot for them in bed. One trishaw driver pedalled slowly by towards the river-front and I could see lamps burning where they had disembarked the new American planes. There was no sign of Pyle anywhere in the long street.

(from: Graham Greene, The Quiet American, Penguin Books, London, 1962)

Die folgenden drei Arbeitsschritte werden Ihnen dabei helfen, in literarischen Texten die Rolle der Atmosphäre in der Wahrnehmung des Lesers zu untersuchen.

SCHRITT 1 Betrachten Sie zuerst den Handlungsort. Stellen Sie sich dabei folgende Fragen:

- Wo findet die Handlung statt? Drinnen? In einem sehr begrenzten Raum? Draußen?
- Wann findet die Handlung statt? Zu welcher Jahres-, Tageszeit?
- Wie ist das Wetter? Wie sind die Lichtverhältnisse? Die Temperatur?
- Sind andere Personen anwesend? Wenn ja, wie verhalten sie sich? Fröhlich und ausgelassen? Bedrückt?
- Welche sinnlichen Eindrücke (Gerüche, Geräusche, Farben ...) vermittelt der Text?

Die folgenden Anhaltspunkte sind nur als Interpretationshilfen gedacht. Um diese für Sie direkt umsetzbar zu machen, sind sie auf Englisch aufgelistet.

Space

very limited: person's thoughts are directed inwards; feeling of being restricted, dependent on others or isolated from social environment

largely unlimited: person's thoughts and feelings are directed outwards towards others; feeling of being free, independent, able to decide one's own fate *(Schicksal)* or course of action

Season, time of day

spring, summer, daytime: person's state of mind more optimistic, receptive *(aufgeschlossen)*, future-orientated

autumn, winter, night: person more pessimistic, thoughtful, fed up, depressed *(bedrückt)*, past-orientated

NOTICE Die Zeit einer Handlung wird oft kontrastiv als Betonungsmittel verwendet. Eine Person, die an einem schönen Frühlingstag traurig ist, wirkt trauriger als jemand, der sich an einem grauen, nasskalten Wintertag „zu Recht“ so fühlt.

Weather

stormy, high winds: restlessness, excitement, sometimes uncontrolled or even wild emotions

foggy, cloudy: unclear, unfocused *(verschwommen)* thoughts and feelings; uncertainty, sense of being endangered or threatened *(Gefühl der Gefahr oder Bedrohung)*
cool, rainy: cold, lacking in feeling or emotion; reserved *(zurückhaltend)*; little interest in others
snow, ice: isolated from others; incapable of developing human relationships; tendency to misunderstand or misinterpret the situation and motivation of others; selfish, egocentric; tendency to deceive oneself, self-deception *(Selbsttäuschung)*
sunny, dry: happy, relaxed, warm-hearted, understanding *(verständnisvoll)*, extroverted ...

Other people
children at play: innocent, innocence *(Unschuld)*; without guile/guileless, guilelessness *(Arglosigkeit)*; harmless, harmlessness; unthreatening
contented people: freedom from worry; gaiety *(Fröhlichkeit)*; stable, stability; ...
reserved people: shy, shyness *(Schüchternheit)*; unsociable *(ungesellig)*; often remote but observing *(beobachtend)*, as if looking at life from the outside; lack of contact to others or social environment
people hanging around *(herumlungernde Menschen)*: bored, boredom; shallow, shallowness *(Oberflächlichkeit)*; lack of interest in other people, social environment; unambitious, lack of ambition; irresponsible, irresponsibility ...
aggressive people: violent, violence; threatening, threat; compulsive, compulsion; carnal *(triebhaft)*

Animals
domestic animals: loyal, loyalty *(Treue)*; dependent, dependence; patient, patience; substitute friend/child *(Ersatz für Freund/Kind)*; often signals victim of a denial of human warmth *(Opfer einer Verweigerung von menschlicher Wärme)*
farm animals: state of being made use of *(Ausnützung)*; lack of warmth in a domestic environment; state of being dictated to or having somebody else's will imposed on oneself *(Bevormundung)*; obstinate, obstinacy *(Sturheit)*; apathetic, apathy
wild animals: freedom; self-assertion *(Selbstbestimmung)*; selfdevelopment *(Selbstentfaltung)* ...

NOTICE Personen bzw. Tiere, die eine reine Statistenrolle spielen, spiegeln entweder den Geisteszustand der Hauptperson(en) wider oder können ihn kontrastiv hervorheben. Besonders bei Tieren werden deren eigenste Merkmale oft eingesetzt, um menschliche Einstellungen *(attitudes)*, Motive oder Absichten zu verdeutlichen und zu untermalen.

SCHRITT 2 Jetzt sehen Sie sich die Hauptperson(en) genauer an. Stellen Sie die folgenden Fragen:

- Wie ist ihre/seine äußere Erscheinung? Konzentrieren Sie sich auf **a)** Körperbau, **b)** Körperhaltung, **c)** Gesichtsausdruck, **d)** Körpersprache und **e)** Kleidung.
- Wie würden Sie die geistige Verfassung der Person beschreiben? Ist sie fröhlich und ausgelassen? Verstimmt? Nachdenklich? Euphorisch? Ist sie optimistisch oder eher pessimistisch? Zukunftsorientiert oder eher der Vergangenheit verhaftet? ...

SCHRITT 3 Jetzt geht es darum, diese zwei Elemente, die Beschaffenheit des Handlungsortes und die geistige Verfassung der Hauptperson(en), in Einklang zu bringen. Die Leitfragen dazu sind:

- Wo gibt es Ähnlichkeiten bzw. Gemeinsamkeiten *(common features)*?
- Wo gibt es Unterschiede bzw. Kontrastmomente *(points of contrast)*?

Um diese Leitfragen zu beantworten, vergleichen Sie die Adjektive usw., die Sie bei der Bearbeitung der Schritte 1 und 2 oben gesammelt haben. Dies geht am leichtesten mit einer Tabelle.

2.3 Erzählperspektive

Point of view

Vokabular	*Vocabulary*
äußere Erscheinung	*outward appearance*
Beteiligter	*participant*
Erzähler, Beobachter	*narrator, observer*
Ich-Erzähler	*first person narrator*
Beobachter	*third person narrator*
allwissender Beobachter	*omniscient third person narrator*
außenstehender Beobachter	*limited third person narrator*
Erzählperspektive	*point of view*
wechselnde Erzählperspektive	*shifting point of view*
Handlung	*plot* (↗ S. 37)
innere Wirklichkeit	*inner reality*

Wie der Leser bzw. die Leserin die Handlung einer Geschichte wahrnimmt, wird gewissermaßen von der Erzählperspektive bestimmt, die der Autor bzw. die Autorin gewählt hat.
Hier werden im Wesentlichen zwei Möglichkeiten der Erzählperspektive unterschieden, verschiedene Mischformen können hier nicht näher dargestellt werden.

1 Der Autor kann sich selbst als Erzähler einsetzen und die Handlung als **Beobachter** schildern, z. B.:

> The police came round to the Rigby Arms the next morning. There would have to be an inquest, Detective Sergeant Rivers explained to Bruce, and he must present an account to the coroner of how the accident happened.
> "It's shocking," said Bruce, collecting his jacket from the back of his chair and putting it on. He was never seen in the public part of the hotel dressed other than formally in his dark jacket and pinstriped trousers. People needed to know who was in charge and he did not want to be mistaken for a guest.
>
> *(from: Margaret Yorke, The Smooth Face of Evil, Warner Books, 1998)*

2 Eine andere Möglichkeit besteht darin, einen Beteiligten die Rolle des Erzählers als **Ich-Erzähler** übernehmen zu lassen, z. B.:

> I leaned back on the seat and watched the back of Dick's head as he steered. The '55 DeSoto rumbled along the rain-soaked street.
> This evening's going to be a total loss, I thought. Things have got to be pretty dull when all you've gotta do is drive around with a friend who's just got his license. But it beats sitting at home. So there we were, the five of us. Dick and Phil were in the front. Reid, Steve and I were in the back. We were all cold, damp and bored. Man, we needed something to do!
>
> *(from: Dennis Kurumada, Just along for the ride, US Information Agency, 1972)*

Die Funktion des Beobachters

The function of the third person narrator

NOTICE Bei dem Beobachter einer Geschichte ist es wichtig, zwischen der Funktion eines allwissenden Beobachters und eines außenstehenden Beobachters zu unterscheiden.

Der allwissende Beobachter

(The omniscient third person narrator)

Wie der Name sagt, weiß der allwissende Beobachter einfach alles über die Person, die er beschreibt. – Er kennt auch ihre intimsten Gefühle und Gedanken. Er betrachtet also das Geschehen sowohl von außerhalb *(from the outside)* als auch von innen *(from the inside)*.

Außenperspektive

There was a father somewhere, but no one had heard from him for years. After he left her, Emily's mother had gone to Spain where she married a man who was a musician; she had lived with him until her death from an unspecified illness some years ago. Isabel had learned about this from a letter Emily sent her which stated this stark fact. Isabel had written to her at her mother's address, but had had no reply.

(from: Margaret Yorke, False Pretences, Little, Brown and Company, 1998)

Innenperspektive

For a while she had felt that she should try to trace Emily; later, she forgot about her, until yesterday when the telephone call sharply reminded her. Shock was her first reaction. What had Emily been doing? Surely by now she was pursuing some career, might even be married? Neither activity precluded either assault or disorderly conduct, which Isabel assumed meant, in this case, getting drunk and being rowdy in a public place. What could she do about it, even when she learned the details? The deed was done, and Emily had been arrested.

(from: Margaret Yorke, False Pretences, Little, Brown and Company, 1998)

Der unbeteiligte, außenstehende Beobachter

(The limited third person narrator)

Der außenstehende Beobachter erzählt ausschließlich auf der Ebene der äußeren Erscheinung. Von der inneren Wirklichkeit der Personen weiß er nichts. Er ist wie eine **Fliege an der Wand** *(a fly on the wall)* oder vielleicht eine Kamera, wie z. B. hier:

Three stops later, a dark-haired girl in a blue coat got on the bus. Walking past Billy without looking at him, she went to a seat near the back. She got off at the city centre and Billy watched her as she walked past his window. He stayed on the bus and got off at the next stop. He walked quickly along several dark side streets until he came to a small corner café. The girl from the bus was sitting alone at a table at the back of the room. She had two cups of coffee in front of her. Billy walked over to the table. "Hello, Kathleen," he said. "I love you." She looked deep into his eyes the way women do. "Hello, Billy," she said.

(from: Margaret Yorke, False Pretences, Little, Brown and Company, 1998)

2.4 Charakterisierung

Characterisation

Vokabular	*Vocabulary*
Charakterisierung direkte Charakterisierung indirekte Charakterisierung Informationen vermitteln durch Handlungen vermitteln	*characterisation* *direct characterisation* *indirect characterisation* *(to) transmit information* *(to) transmit (information) through action*

In der Literatur bedeutet Charakterisierung mehr als die bloße Beschreibung einer Person in ihrer Persönlichkeit, ihrer äußeren Erscheinung, ihrem Verhalten, ihrem Lebensstil, ihrem familiären Hintergrund usw. Wichtig ist gleichermaßen, wie der Autor diese Informationen an den Leser vermittelt.

Ein Autor kann Informationen auf zwei Arten an den Leser übermitteln: direkt oder indirekt.

Direkte Charakterisierung

Direkte Charakterisierung geschieht, wenn der Leser Informationen über eine Person entweder direkt vom Autor oder von einer anderen Person in der Erzählung erhält. Wichtig ist hierbei, dass dem Leser etwas direkt über die Person, um die es geht, erzählt wird.

Hier sind zwei Beispiele für direkte Charakterisierung. Sie stammen aus dem Roman *False Pretences* von Margaret Yorke (Little, Brown and Company, London, 1998).

In diesem Abschnitt **sagt die Autorin** dem Leser direkt etwas über Emily:

> Emily, who had spent weeks confronting police offices and security guards, was not intimidated by this tall, thin man with (...) a rather a cross expression, and angry eyes beneath thick, dark brows.

In diesem Abschnitt sagt **eine andere Romanfigur** (Isabel) dem Leser etwas über Emily:

> She would never have recognised her friend's daughter: where was the attractive child with the mass of fair curls whom Isabel remembered from when the families were neighbours more than twenty years ago? Now she saw, shambling into the room, an ill-dressed, overweight young woman with a shaven head, haggard and exhausted, who could have been any age but was, in fact, twenty-three.

Indirekte Charakterisierung

Indirekte Charakterisierung geschieht, wenn der Leser anhand der Handlungen der Person interpretiert, wie diese Person ist oder sein könnte. Der wichtige Aspekt ist hierbei, dass die Informationen durch Handlungen vermittelt werden, nicht durch Sprache.
Hier ist ein Beispiel für indirekte Charakterisierung aus dem gleichen Roman wie oben:

> It was Emily who saw a girl pick up a small china figurine and pocket it. As she had earlier dusted and replaced it on the shelf, she had noticed and remembered the price, written on a tiny adhesive label on its base.
> "That'll be five pounds twenty-five," she told the girl.
> "What will?" the girl, now examining a sachet of pot-pourri, enquired.
> "That doll you just put in your pocket," Emily said, and stepped forward to confront the schoolgirl, who had blushed but looked defiant, thrusting her hands into the pockets of her coat.
> "I don't know what you mean," the girl blustered, while her two companions stared at her, giggled, and then, as a diversion, picked up other items to inspect.
> "Give it here," said Emily, holding out her hand. "If you do, and either hand it back or pay, Mrs Vernon won't call the police. If they come, they'll search you and find it, and no receipt. She's going to do it now. Aren't you, Mrs Vernon?" she added loudly, and moved to block the doorway.

Was kann der Leser, die Leserin aus dieser Ladendiebstahlszene über Emily lernen? Erstens ist sie anscheinend sehr aufmerksam: Sie kann sich sofort an den Preis der Porzellanfigur erinnern, als sie den Diebstahl bemerkt, sie weiß, wie Ladendiebe vorgehen, und reagiert sehr schlagfertig. Sie ist zweitens mutig und entschlossen, als sie die Ladendiebe konfrontiert. Sie ist dabei allerdings weder aggressiv noch unhöflich und erscheint sogar ziemlich verständnisvoll, als sie sagt, dass die Polizei nicht hinzugezogen werde, wenn das Mädchen die Puppe wieder zurückstellt oder ordnungsgemäß bezahlt.

2.5 Handlung

Plot

Vokabular	*Vocabulary*
Auseinandersetzung	*quarrel, argument*
gewaltsame Auseinandersetzung	*violent quarrel*
Bedeutung	*meaning*
tiefere, innere Bedeutung	*interior/submerged meaning*
oberflächliche Bedeutung	*exterior/superficial meaning*

Enttäuschung	*disappointment*
enttäuschte Erwartung	*disappointed expectation*
glaubhaft	*believable*
Handlung	*plot*
aktive Handlung	*action, storyline*
Höhepunkt	*climax*
Konflikt	*conflict*
Konfliktsituation	*conflict situation*
Lösung eines Konfliktes	*solution of a conflict*
Meinungsverschiedenheit	*difference of opinion*
Missverständnis	*misunderstanding*
Ungereimtheit	*inconsistency*
Wechselwirkung	*interplay, interaction*
Wendepunkt	*turning point*

↗ Ergänzung zum Vokabular S. 13, 20, 26, 29 f.

Unterschied von action *und* plot

Das deutsche Wort *Handlung* wird manchmal als *action* und manchmal als *plot* übersetzt. Was ist denn der Unterschied?
Wie das Wort schon andeutet, steckt hinter *action* in einem Roman oder einer Kurzgeschichte das, was passiert. Der Ausdruck *plot* reicht in seiner Bedeutung viel tiefer. Hier geht es um die Wechselwirkung zwischen *character* und *action*, die eine Geschichte **glaubhaft** *(plausible)* macht.
Deshalb reden wir auch von *bad plotting*, wenn eine Person in einer Geschichte unrealistisch oder unglaubwürdig, d. h. *out of character*, agiert.
Ein gutes Beispiel von *bad plotting* ist der Film *Fatal Attraction* (deutscher Titel: Eine verhängnisvolle Affäre, 1987). In diesem Film hat Michael Douglas als Rechtsanwalt in New York eine Wochenendaffäre mit einer Verlagsredakteurin, die von Glenn Close gespielt wird. Glenn Close nimmt diese kurze und unter Alkoholeinfluss zustande gekommene Episode wichtiger als Michael Douglas und entwickelt konsequenterweise eine krankhafte Eifersucht. Douglas versucht ihr einzureden, dass dieses Treffen nur eine nette Affäre war. Close, die mehr und mehr die Fassung verliert, versucht andererseits mit extravaganten und schließlich heimtückischen Mitteln seine Zuneigung zu gewinnen. Diese Strategie findet ihren wirklich erschreckenden Höhepunkt darin, dass sie Douglas und seine Frau in deren Haus attackiert.
Auf der Ebene der aktiven Handlung ist *Fatal Attraction* ein durchaus spannender und unterhaltsamer Film. Trotzdem wird er oft als Beispiel für *bad plotting* in Bezug auf seine äußerst unglaubwürdige Handlung herangezogen.

Warum ist das so?
Zunächst spielt Douglas einen erfolgreichen Rechtsanwalt, der glücklich verheiratet ist. Er hat auch eine kleine Tochter, die er über alles liebt. Sein Vorgesetzter ist kurz davor, ihn zu seinem Partner in der Firma zu machen.
Es ist unwahrscheinlich, dass jemand all dies für eine Affäre mit einer Frau, die er gerade erst kennengelernt hat, aufs Spiel setzt. Aber selbst wenn wir so weit zustimmen würden, wird die Handlung vollkommen unglaubwürdig, als Douglas zulässt, dass die ganze Situation außer Kontrolle gerät und nicht nur seine Karriere und seine Ehe, sondern auch sein Leben und das seiner Frau und seiner Tochter bedroht. Realistischerweise hätte er schon viel früher seiner Frau erzählt, was passiert war. Die Liebesaffäre war aus seiner Sicht doch nur eine bedeutungslose Episode.

Arbeitsschritte
Die folgenden Schritte werden Ihnen helfen, sich die Handlung einer Geschichte zu verdeutlichen.

SCHRITT 1 Lesen Sie den Text mehrmals durch und klären Sie unbekannte Vokabeln.
SCHRITT 2 Ermitteln Sie zuerst die **oberflächlichen Handlungsstränge, die Rahmenhandlung** *(framework plot)* der Geschichte. Wo findet die Handlung statt? Welche Personen kommen in der Geschichte vor? Was passiert?
SCHRITT 3 Jetzt geht es darum, die **innere Bedeutung** der Handlung herauszufinden. Vergessen Sie dabei nicht, dass im Grunde alle Handlungen in der Literatur mit **der Lösung eines Konfliktes** zu tun haben. Hier sollten Sie also zuerst die **Konfliktsituation** klar erkennen und interpretieren.
NOTICE In der Literatur hat **„Konflikt“** nur sehr selten mit einer gewaltsamen Auseinandersetzung zu tun. Es handelt sich vielmehr um ein Missverständnis, eine Kränkung, eine Ungereimtheit, eine manchmal trivial erscheinende Meinungsverschiedenheit, eine neue Erfahrung, eine enttäuschte Erwartung usw.
Hier ist ein Beispiel für eine solche Konfliktsituation. In dem Auszug handelt es sich um einen protestantischen Jungen, Billy, und ein katholisches Mädchen, Kathleen, die über die Glaubensgrenzen hinweg heiraten wollen:

> They sat down at the table and Kathleen put her hand over Billy's. "I love you, too, Billy," she said. "But that's the trouble, isn't it? We can't go on like this, Billy. Meeting secretly, hiding. It's not right, Billy. It's dishonest ... deceitful. When're you going to tell your dad about us?" Billy thought of his sister Doreen. She'd said and asked the same. "And you, Kathleen?" said Billy. "When're you going to talk to your family?" She looked at Billy closely. "The moment I know that you're serious, Billy, really serious. I'll talk to my family then. You know I will."

SCHRITT 4 Wenn Sie die Konfliktsituation beschrieben haben, geht es darum, die Lösung des Konfliktes anhand des Textes zu erklären.
↗ S. 13 ff., Kurzgeschichten

SCHRITT 5 Vergessen Sie schließlich nicht, Ihren Entwurf *(draft)* auf inhaltliche Vollständigkeit und sprachliche Richtigkeit zu überprüfen, bevor Sie die Reinschrift *(fair copy)* erstellen.

3 Visuelle Fertigkeiten

Was sind visuelle Fertigkeiten?

Im Englischunterricht sollen vier allgemeine Sprachfertigkeiten entwickelt werden: **Lesen** *(reading)*, **Schreiben** *(writing)*, **Hören** *(listening)* und **Sprechen** *(speaking)*. Seit einiger Zeit gehört zu diesem Quartett eine fünfte Fertigkeit, nämlich das **Schauen** *(viewing)*. Darunter versteht man Fertigkeiten, die Sie brauchen, um ein Bild, ein Foto, einen Kino-, Fernsehfilm oder ein Theaterstück kritisch anzuschauen.

3.1 Fotos und Bilder

Photos and pictures

Vokabular	*Vocabulary*
räumliche Begriffe	***positional terms***
links/rechts oben/unten in der Mitte oben/unten links/rechts in der Mitte oben/unten in der Mitte links/rechts in der Mitte der Seite im Vordergrund in mittlerer Entfernung im Hintergrund in der Ferne von oben nach unten von unten nach oben senkrecht/waagerecht diagonal	*on the left/right* *at the top/bottom* *in the middle* *at top/bottom left/right* *at top/bottom centre* *at centre (page) left/right* *in the centre of the page* *in the foreground* *in the middle distance* *in the background* *in the distance* *from top to bottom* *from bottom to top* *vertical(ly)/horizontal(ly)* *diagonal(ly)*
häufige Formen	***common shapes***
kreisförmig/rund/kugelförmig quadratisch/rechteckig dreieckig spitz gebogen/rundlich	*circular/round/spherical* *square/rectangular* *triangular* *pointed* *curved/rounded*
Oberflächen	***surface(s)***
rau, holperig/glatt, eben glänzend/glitschig	*rough/smooth* *shiny/slippery*

Die Beschreibung eines Zeitschriftencovers
Describing a magazine cover

Folgende Arbeitsschritte sind wichtig bei der Analyse eines Covers:

SCHRITT 1 Beschreiben Sie zunächst das Cover als Ganzes, von oben nach unten und von links nach rechts, und führen Sie die einzelnen Elemente, die ein Titelblatt enthalten kann, in der folgenden Reihenfolge auf: **1)** Titel, **2)** Datum, **3)** ggf. Begrüßung, Titelgeschichte, **4)** Inhaltsangabe, **5)** Bild(er) (ohne Details), **6)** Verlag bzw. Herausgeber.

© Cornelsen Verlag, Berlin 2009

SCHRITT 2 Beschreiben Sie das Coverfoto bzw. die -fotos möglichst neutral. Die Beschreibung sollte detailliert und umfassend sein, ohne die mögliche Bedeutung oder „Message" zu erläutern - die Interpretation erfolgt im nächsten Schritt.

SCHRITT 3 Interpretieren Sie das Coverfoto. Da die Interpretation meist sehr subjektiv ist, sollten Sie Ihre Meinung mit Bezug auf das Bild bzw. die Bilder begründen.

Hier ist ein Beispiel für die Beschreibung des Zeitschriftencovers:

The cover consists of six elements, as follows. Firstly, the title, *English G news*, across the whole width of the top of the cover with, secondly, the date of this edition, Autumn/Winter 2009, in the top right-hand corner. On the left immediately below the title the third element greets the reader with the words "Welcome to the world of learning". Almost opposite this salutation on the right-hand side there is a list of main contents of the magazine, for example the third part of a series on cooperative learning; the cover photo of a rowing boat with six oars is the fifth element.	*bestehen aus* hier: *unmittelbar* hier: *Begrüßung* *Reihe* *Ruder*

Hier ist ein Beispiel für die Beschreibung des Fotos:

There is a rowing boat with six oars in the centre of the photo. It has a pointed bow and a stern with a rudder that cannot be seen. The exterior of the boat appears to be green and the interior is partly white and partly pale blue - though the blue colour may be reflected. There are eight mainly yellow seats across the width of the hull from side to side. Six girls are rowing the boat, three on each side. One of the girls seems to be rowing out of time. An older man with a bald patch is steering the boat, and there seems to be one passenger in the stern/right at the back. The boat is travelling from the bottom to the top of the page on smooth water. It is evidently a dry and sunny day as the oars are reflected in the water.	*Bug* *Heck/Ruder* *scheinen* *widergespiegelt* *Rumpf* *aus dem Takt* *kahle Stelle* *steuern* *offensichtlich*

NOTICE Bei der Deutung eines Bildes kann es leicht zu einer „Überinterpretation" kommen. Um diese Falle zu vermeiden, ist es manchmal ratsam, folgende **abschwächende Ausdrücke** *(moderating expressions)* zu verwenden:

- ***I get the impression*** *that the photo(s) should ...*
  Ich habe den Eindruck, dass das/die Foto(s) ... soll(en).
- ***Maybe*** *the rowing boat should represent the idea of ...*
  Vielleicht soll das Ruderboot die Idee von ... darstellen.
- ***Perhaps it could be said*** *that ...*
  Vielleicht könnte man sagen, dass ...
- ***On the whole,*** *this photo produces a feeling of optimism.*
  Alles in allem ruft dieses Foto ein Gefühl von Optimismus hervor.
- ***Without wishing to exaggerate,*** *the forward movement of the boat seems to suggest ...*
  Ohne übertreiben zu wollen, scheint die Vorwärtsbewegung des Bootes ... zu suggerieren.

Hier ist ein Beispiel für die Interpretation des Covers:

In my opinion, the photo should arouse a	*erwecken*
feeling of optimism and progress towards a	*Fortschritt*
goal. The six rowers are working hard to	
move the boat forward towards its destination.	*Endziel*
Without wishing to overinterpret, I get the	
impression that the rowers represent learners of English, and the older, and presum-	hier: *verkörpern*
ably more experienced, man who is steering	*erfahren*
the boat could stand for their teacher. This	
idea is supported by the title of the magazine, which has to do with learning English.	*gestützt von*
Maybe this further idea is a little far-fetched,	*weit hergeholt*
but to me the camera angle and the pointed bow of the boat suggest a rocket flying into	
the upper atmosphere.	*obere Atmosphäre*
However, in general I think that the photo is supposed to suggest that with hard work	
and determination you will reach your goal.	*Entschlossenheit*

3.2 Politische Cartoons

Political cartoons

Vokabular	*Vocabulary*	
Absurdität absurde Übertreibung Botschaft Darstellung lächerliche Darstellung Einseitigkeit	*absurdity* *absurd exaggeration* *message* *representation* *ridiculous representation* *one-sidedness, bias*	

Karikatur	*cartoon*	
Karikaturist(in)	*cartoonist*	
Satire	*satire*	
satirische Aussage	*satirical statement*	
Schockwirkung	*shock effect*	
sich auf einen Aspekt konzentrieren	*(to) focus on one aspect*	
Thema	*topic*	nicht ~~theme~~!
aktuelles Thema	*current topic*	

↗ Ergänzung zum Vokabular S. 13, 20, 26, 29 f., 37 f.

Absicht eines politischen Cartoons

Intention of a political cartoon

- Ein politischer Cartoon macht eine satirische Aussage über ein aktuelles Thema, hier das schwierige Verhältnis zwischen vielen Briten und der Brüsseler Bürokratie.
- Alle Cartoons dieser Art sind Karikaturen. Viele erregen unsere Aufmerksamkeit durch eine Schockwirkung. Diese wird durch absurde Übertreibung und extreme Einseitigkeit erzeugt.

Die Beschreibung und Interpretation von Cartoons

Describing and interpreting cartoons

"My colleague is the Euro Banana Inspector, I only do cauliflowers!"
(JAK, Cartoons from the Evening Standard and the Mail on Sunday, London, 1996)

In einer schriftlichen Analyse sollten Sie den Cartoon zunächst neutral beschreiben, ohne über seine mögliche Bedeutung zu spekulieren. Die eigentliche Botschaft des Cartoons spielt in dieser Phase der Analyse keine Rolle.

NOTICE In **Bildbeschreibungen** *(descriptions of pictures)* grundsätzlich Zeiten des Präsens verwenden.
Für die Szenenbeschreibung benutzen Sie das *simple present*, häufig mit *there is/there are*:

- *The cartoon **shows** a greengrocer's shop. **There are** three big bunches of bananas and other fruit and vegetables.*
- ***There are** three people, two men in black uniforms and the shopkeeper. The men **look** like Gestapo or SS officers.*

Wenn Sie sagen möchten, was in dem Cartoon gerade passiert, verwenden Sie das *present progressive*:

- *The shopkeeper is **standing** in the door of the shop. He **is clenching** his fists in anger.*
- *The two inspectors **are measuring** bananas and cauliflowers.*

Vergessen Sie nicht, dass Sie das *present perfect* gebrauchen, wenn Sie sagen möchten, was gerade passiert ist.

- *The inspectors **have come** to the shop to measure fruit and vegetables.*
- *They **have been sent** there by the EU, which **has issued*** (erlassen) *a directive about the shape and size of fruit and vegetables.*

NOTICE Bei der Interpretation eines Cartoons geht es dann darum, den Gebrauch von Übertreibung und Einseitigkeit zu identifizieren. In dem Cartoon oben ist es z. B. geradezu schockierend, dass man die EU-Inspektoren mit Angehörigen der SS vergleichen kann.

Zuletzt sollten Sie die Botschaft des Karikaturisten herausarbeiten. Mit der Botschaft wird häufig zu einer **politischen Umorientierung bzw. einem Richtungswechsel** *(change of policy)* aufgefordert. In dem Beispiel oben verlangt der Karikaturist eine kritischere Haltung der EU gegenüber.

3.3 Filme

Movies

Was ist Medienverständnis?

Medienverständnis bedeutet mehr, als einen Film als passiver Betrachter konsumieren zu können. Dazu gehört vielmehr auch die Fähigkeit, verschiedene mit dem Medium verbundene Aspekte verstehen und kommentieren zu können.

Solche Aspekte sind

a ein **Medium** *(media)*, z. B. einen Roman, in ein anderes Medium, etwa einen Film, umzuformen („Visualisierung“ oder „Konversion“),

b die Intention des Regisseurs zu erkennen und zu deuten und

c die Funktion von **Kameratechniken** *(camera techniques)* und **Toneffekten** *(sound effects)* zu beschreiben und zu erklären.

Was ist Visualisierung?

Visualisierung *(visualisation)* bedeutet, ein literarisches Medium, meistens einen Roman, in einen Film umzuwandeln. Den Vorgang, einen Film in ein prosaisches Medium umzuwandeln, was übrigens viel weniger häufig geschieht, nennt man **Verbalisierung** *(verbalisation)*.

Vergleichen Sie einen **Roman** *(novel)* mit einem Film. Wie vermittelt ein Autor dem Leser Informationen? Wie vermittelt ein Filmemacher dieselben Informationen einem Zuschauer?

Roman	Film
geschriebener Dialog **prosaische Beschreibung von ...**	**gesprochener Dialog**
... Handlungsrahmen ... Atmosphäre ... Bewegung ... Gestik, Mimik ... Gefühle, Gedanken	Bilder des Handlungsrahmens Beleuchtung, Filmmusik Bilder der Schauspieler in Aktion Bilder der Schauspieler gesprochener Dialog, schauspielerische Darstellung (s. S. 48)

“The film’s lousy. It’s not nearly as good as the novel.”

Enttäuschung macht sich oft breit, wenn man sich die Filmversion eines Romans anschaut. Der Film mag zwar ein wunderbares Medium für die Handlung, den Handlungsrahmen und die Atmosphäre sein - die Welt der Gefühle und Gedanken ist im Allgemeinen jedoch nur schwer auf Film zu bannen.

Dieses Problem wird mit drei Strategien (mehr oder weniger erfolgreich) gelöst:

1 Mit Einschränkungen können Gefühle und Gedanken durch gesprochenen Dialog artikuliert werden. So wird ein Schauspieler in der Filmversion eines Romans laut aussprechen, was der Romancharakter denkt oder fühlt. Verbalisierung, die Technik, Gedanken in gesprochene Sprache umzuwandeln, wird oft angewandt, um die Gedanken einer Romanfigur über die nächste Zukunft (was wohl passieren wird) im Film darzustellen.

2 Gefühle und Gedanken werden manchmal auch durch Techniken wie die folgenden visualisiert, die Sie im Vokabular (s. unten) wiederfinden können: *flashback*, *flash-forward*, *dream sequence* und *fuzzy shot*.

3 Gefühle, Gedanken und innere Zustände werden oft aber auch einfach ausgelassen. Das nennt man im Englischen *omission*. Diese „Auslassung" führt dazu, dass Zuschauer einen Film mit den Worten kommentieren: „Der Film ist ja nicht mal halb so gut wie das Buch."

Vokabular mit Anwendungssätzen

Vocabulary of terms with example sentences

NOTICE In dieser Zusammenstellung zentraler Vokabeln bezieht sich das Wort Subjekt auf die Menschen, Tiere oder Objekte, welche die Kamera filmt. Außerdem benutzen wir das Pronomen *it* für ein Subjekt, selbst wenn es sich um eine Person handelt. Die folgenden kursiv gesetzten Beispielsätze beziehen sich nicht auf einen bestimmten Film, sondern sind frei erfunden.

CAMERA RANGE – Einstellungsgröße

1 Extreme long shot – *Weitaufnahme*

Weitwinkeleinstellung mit Umgebung, Ansammlungen von Menschen oder Menschen im Freien vor einem weiten Hintergrund.

- *The film* ***opens with an extreme long shot*** *of the Arlington National Cemetery in Arlington, Virginia. Visitors* ***are walking*** *along the paths and some* ***are sitting*** *on the grass under the trees.*

NOTICE Benutzen Sie das *present progressive*, um zu sagen, was auf der Leinwand in genau jenem Moment passiert, den Sie gerade beschreiben.

2 Long shot – *Totale*

Einstellungen auf mittlerer Höhe mit Straßenszenen, Menschen in einem größeren Gebäude, z. B. einer Eingangshalle, einem Hörsaal oder in einem Theater.

- *Then the camera **takes a long shot** of a woman who **is standing** in front of a grave.*

NOTICE eine Totale machen = *(to) **take** a long shot*

3 Establishing shot – *Übersichtseinstellung*

Eine bedeutende Einstellung, die für einige Sekunden in den Anfang einer neuen Sequenz oder Szene einführt. Diese Einstellung wird eingesetzt, um den Ort und die Zeit einer Handlung festzulegen, z. B. ein sonniger Strand, eine dunkle Straße mit Laternen oder eine Familie beim Fernsehabend. Deshalb sind Übersichtseinstellungen normalerweise eine Weitaufnahme oder eine Totale (vgl. 1 + 2).

- *The **establishing shot** at the beginning of the film is in the form of an extreme long shot of the Arlington National Cemetery in Virginia.*

4 Medium long shot – *Halbtotale*

Eine Einstellung mit kleineren Gruppen, bei denen Menschen im Hintergrund von Kopf bis Fuß zu sehen sind, während im Vordergrund die Oberkörper der Handelnden zu sehen sind.

- *After that, there is **a medium long shot** of the woman putting some flowers on the grave with two men in the background.*

5 Full shot – *Halbnahaufnahme*

Eine Einstellung vor einem direkten Hintergrund mit einzelnen Akteuren, die in eine Aktivität vertieft sind, z. B. eine Unterhaltung, eine Liebesszene, Menschen bei der Arbeit usw.

- *In **a full shot**, we see the woman turning and walking slowly away from the grave with the two men in the **immediate background**. They are watching her closely, and one of them has a gun in his hand.*

6 Medium close shot – *amerikanische Einstellung*

Eine Einstellung, die nur die Oberkörper der Subjekte vor einem direkten Hintergrund zeigt, z. B. wie eine Person in eine Tasche greift oder eine Jacke auszieht, wie ein Polizist seine Waffe in die Hand nimmt oder wie sich ein Liebespaar gegenseitig auszieht.

- *The camera **closes in on** the man with the gun to **take a medium close shot** of him watching the woman expectantly.*

7 Close shot – *Nahaufnahme*

Eine Einstellung, die den Kopf und die Schultern von ein bis zwei Menschen zeigt. Oft werden Menschen dargestellt, während sie in ein Gespräch vertieft sind, sich umarmen, küssen oder einander bedrohen.

- *There is then **a close shot** of the young woman sadly wiping tears from her eyes.*

8 Close-up - *Großaufnahme*

Eine Einstellung, die nur den Kopf und Hals eines Darstellers zeigt. Betont Mimik, z. B. Ärger, Schmerz, Überraschung und in Actionfilmen Gesichtsverletzungen.

- *We see the man with the gun* ***in close-up****. He is raising it to take a shot at the woman.*

9 Extreme close-up - *Detailaufnahme*

Diese Aufnahme zeigt nur einen Teil des Gesichts, meistens die Augen oder den Mund. Wird auch eingesetzt, um wichtige Objekte zu zeigen, z. B. eine Waffe.

- *The woman's face fills the screen* ***in an extreme close-up*** *as she notices the gunman and screams in terror.*

CAMERA ANGLE - Einstellungsperspektive

1 Straight-on angle - *Normalsicht*

Auf Augenhöhe, horizontal, als sei die Kamera ein menschliches Auge. Die gängigste Kameraeinstellung.

- *The extreme long shot at the beginning of the film* ***is taken at a straight-on angle*** *as if the camera is a spectator of the scene in the cemetery.*

2 Low angle/Worm's eye view - *Untersicht/Froschperspektive*

Weit unter Augenhöhe mit einem Winkel von 45° oder mehr. Subjekte erscheinen viel größer und bedrohlicher, als sie wirklich sind.

- *There is* ***a low angle*** *view of the young woman as she looks down at the grave.* ***From this angle*** *she appears to be bigger than life.*

3 High angle/Bird's eye view - *Aufsicht/Vogelperspektive*

Weit über Augenhöhe mit einem Winkel von 45° oder mehr. Subjekte erscheinen kleiner und weniger bedrohlich, als sie wirklich sind.

- *The camera then* ***moves to a high angle*** *view of frightened people running away from the sound of gunfire.* ***From the (high) angle*** *they appear to be smaller than life and panic-stricken.*

CAMERA MOVEMENT - Kamerabewegung

1 Stationary camera - *statische Kamera*

Die Kamera wird während der Einstellung nicht bewegt und die Brennweite verändert sich ebenfalls nicht. Die Kamera filmt die Szenerie wie eine Person, die das Bild regungslos und ohne optische Hilfsmittel (wie z. B. Ferngläser) beobachtet. Dies ist die gängigste und realistischste Kamerabewegung, auch die Technik der „Fliege an der Wand" *(fly on the wall)* genannt.

- *The* ***establishing shot*** *at the beginning of the film* ***is taken with a stationary camera*** *to* ***give the audience the impression*** *of normal activity in the cemetery.*

2 Panning - *Schwenk*

Die Kamera bleibt an einem Platz, wird aber von einer Seite zur anderen oder hoch- und runtergeschwenkt, um den Bewegungen des Subjekts zu folgen. Ähnlich bewegen sich Kopf und Augen eines Zuschauers bei einem Fußballspiel.

- *As the gunman takes aim,* ***the camera pans round*** *to show the terrified young woman with the grave in the background.*

3 Travelling shot - *Kamerafahrt*

Die Kamera folgt horizontal einem sich bewegenden Subjekt, z. B. bei einer Autoverfolgungsjagd oder während eines Pferderennens.

- *There is* ***a travelling shot*** *as if the camera is moving along parallel to and slightly behind the people running away from the gunman.*

4 Zoom - *Zoom*

Die Kamera bewegt sich nah an ein Subjekt heran, um einen Eindruck der Nähe zu schaffen, oder sie entfernt sich, um Distanz auszudrücken. Bei kurzen Entfernungen kann dies bei statischer Kameraposition durch bloßes Verändern der Brennweite erreicht werden.

- *As the gun is fired,* ***the camera zooms in on*** *the young woman to* ***take a close-up****.*

CAMERA AXIS – Verhältnis von Handlungsachse und Kameraachse

1 Parallel axis - *Parallelachse*

Ein Subjekt bewegt sich zur Kamera hin oder von ihr weg und tut dies mehr oder weniger auf einer geraden Linie. So fährt z. B. ein Auto auf einer geraden Straße „aus dem Bild", eine Person kommt in Richtung des Zuschauers in ein Zimmer oder die Landung eines Flugzeugs wird frontal aufgenommen.

- *The* ***cameraman employs/uses a parallel axis*** *to show the two men moving towards the young woman.*

2 Vertical axis - *Vertikalachse*

Das Subjekt wird seitlich beobachtet. Beispiele sind eine seitliche Ansicht zweier Menschen, die sich unterhalten, spazieren gehen oder sich küssen.

- *The* ***cameraman makes use of a vertical axis*** *to show the two men preparing to attack the woman.*

TRANSITION – Einstellungskonjunktion

Wie der englische Ausdruck verrät, steckt hinter der Einstellungskonjunktion die Verbindung oder der „Transit“ von einer Einstellung zur nächsten. Das heißt, mehrere Einstellungen werden zu einer Serie verbunden.

1 Cut – *harter Schnitt*

Sharp transition: von einer Einstellung zur nächsten, wie in einer Serie von Schnappschüssen.

- ***The camera cuts from the woman*** *at the grave, who has not yet noticed what is about to happen,* ***to the man with the gun****.*

NOTICE *(to) cut from ... to ...*

2 Jump-cut – *Schuss-Gegenschuss*

Die Einstellungen wechseln zwischen zwei oder mehr Subjekten hin und her, z. B. in einer Verfolgungsszene oder bei einem Treffen. Schuss-Gegenschuss-Einstellungen beschleunigen die Handlung und erhöhen die Spannung. ↗ Medium long shot, S. 49

- *There is an exciting* ***series of jump-cuts*** *as* ***the camera cuts back and forth between*** *the woman at the grave* ***and*** *the man with the gun.*

3 Dissolve – *Überblendung*

Das Ende einer Einstellung geht in den Beginn der nächsten Einstellung nahtlos über, als ob die Einstellungen sich überschneiden. Das führt zu einer Verlangsamung der Handlung und zu einer Abnahme der Spannung. ↗ **Jump-cut**, s. oben

- *The shot of the man firing the gun* ***dissolves into a shot*** *of the young woman lying on the ground.*

4 Fade-out – *Abblende*

Das Subjekt wird immer dunkler und weniger sichtbar, bis es schließlich ganz verschwindet. ↗ Fade-in, s. unten

- *The shot of the woman on the ground* ***fades out*** *and disappears.* (Verb)
- *The shooting incident ends with* ***a fade-out shot*** *of the woman on the ground.* (Nomen)

5 Fade-in – *Aufblende*

Das Subjekt wird heller und erkennbarer, bis es vollständig erscheint.

- *After the shooting incident, a police car with flashing lights* ***fades in****.* (Verb)
- *After that, there is* ***a fade-in shot*** *of a police car racing to the scene.* (Nomen)

EDITING – Montage

1 Scene – *Szene*

Eine Serie miteinander verbundener Einstellungen, die an einem Ort stattfinden und ausschließlich ein Ereignis oder eine Situation zeigen.

- *The **shooting scene** in the cemetery consists of **a succession of 15 shots** showing the woman, the two men, the shooting itself, and people running away.*

2 Sequence – *Sequenz*

Eine Reihe von Szenen, die eine Geschichte erzählen. Ein Film besteht aus einer Folge miteinander verbundener Sequenzen.

- *The **first sequence** in the film is made up of **scenes of** visitors walking through the cemetery, people sitting on the grass, a woman standing at a grave, two men watching the woman, one of the men taking out a gun, the man firing at the woman, frightened people running from the crime scene and, finally, the approach of a police car.*

3 Cross-cutting – *Parallelmontage*

Zwischen zwei oder mehreren Szenen, die zur selben Zeit stattfinden (simultane Handlung), wird hin- und hergeschaltet. Eine Parallelmontage steigert die Spannung und Dramatik. ↗ Jump-cut, S. 52

- *In quick succession, the **camera cross-cuts between** the young woman **and** the man, who is preparing to shoot her.*

4 Flashback – *Rückblende*

Vergangene Ereignisse, die in die Gegenwart eingefügt werden, z. B. wenn sich eine Figur an ihre Kindheit erinnert. Eine Rückblende kann auch in Form einer Traumsequenz auftreten. ↗ 5 + 6

- *When the police are questioning witnesses, there is **a flashback to** the young woman falling to the ground.*

5 Flash-forward – *Vorausblende*

Ein zukünftiges Ereignis, das in die Gegenwart eingefügt wird, z. B. wenn eine Figur an ein zentrales Ereignis denkt, das vielleicht passiert oder passieren könnte. ↗ Flashback, s. oben

- *When the young woman recognises the two men, there is **a flash-forward to** what she thinks might then happen.*

6 Dream sequence – *Traumsequenz*

Eine Traumsequenz ist meistens eine Rückblende in einem unscharfen Rahmen. So werden oft die Gedanken und Gefühle des Subjekts bildlich dargestellt. ↗ Flashback, s. oben

- *There is **a dream sequence** in the hospital as the woman relives the shooting incident that almost killed her.*

7 Fuzzy shot – *verschwommenes Bild*

Ein verschwommenes Bild ist eigentlich eine Tricktechnik, die eine klare Trennung zwischen der bildlichen Darstellung der Gedanken und Gefühle auf der einen und der greifbaren Handlung auf der anderen Seite zieht. Traumsequenzen sind oft durch ein verschwommenes Bild gekennzeichnet.

- *The fact that the young woman is thinking about what **might** have happened **is marked by the use of fuzzy shots**.*
- ***Fuzzy shots** are employed to make clear that the scene is about what **could** have happened, i.e. the woman's death, not what **actually** happened.*

Wie man einen Film analysiert

Analysing films

Im Zentrum des Interesses stehen hier die speziellen Merkmale des Films als Medium. Den Inhalt eines Films zu analysieren gleicht der Vorgehensweise bei anderen fiktionalen Werken. Es ist deshalb notwendig, in diesem Zusammenhang auch die folgenden Kapitel hinzuzuziehen: Erzählperspektive (↗ S. 33 ff.), Handlungsort und Atmosphäre (↗ S. 29 ff.), Charakterisierung (↗ S. 36 ff.).

LERNTIPP 1 Bei der Analyse sollten Sie sich im Gegensatz zum bloßen Anschauen ausschließlich auf die Schlüsselereignisse oder -sequenzen konzentrieren und den Rest ignorieren. Untersuchen Sie diese Sequenzen Szene für Szene.

NOTICE Versuchen Sie nicht zu viel auf einmal zu machen. Sie werden sich schnell nicht mehr konzentrieren können und möglicherweise ganz den Faden verlieren. In Filmen wie *Titanic* sind fünf Minuten viel Zeit. Die meisten Szenen dauern nur 90 Sekunden oder noch weniger.

LERNTIPP 2 Es ist hilfreich, eine Tabelle wie die folgende vorzubereiten, bevor Sie eine Szene analysieren:

scene	*action*	*camera*
Arlington National cemetery	*woman at grave*	*extreme long*
grave	*two men, one with gun*	*long*
men/gunman	*police come*	*med. close*
police car in background		*fade-in*

Gängige Aufgaben

(Typical assignments)

Wenn Sie im Englischunterricht Filme analysieren, können Sie mit Aufgaben konfrontiert werden, die den folgenden gleichen:

Before viewing

- *What do you think the film could be about?*
- *What do you know about this film already?*
- *Have you seen the German version of the film?*
- *The film is based on a novel by ... Have you read the novel?*
- *What do you know about the main actors?*
- *Have you seen any other films by this director?*
- *Have you seen any other film based on this author's novels?*

During viewing

- *Summarise what has just happened.*
- *Summarise the sequence when ...*
- *From whose point of view is the story/sequence told?*
- *Ask each other questions about the story so far.*
- *Say how the film could go on.*
- *Give a running commentary on the sequence when ...*
- *Role-play the conversation between X and Y.*
- *Role-play the scene when ...*
- (ohne Ton) *What are the characters saying?*

After viewing

- *Complete the text with the missing words and expressions.*
- *Write and act an argumentative dialogue about the film.*
- *Give a talk on the film or on a related topic.*
- *Interview an actor/actress about his/her role in the film.*
- *Interview the director about the film.*
- *Interview the author of the original novel about the film version.*
- *What is your own opinion of the film?*

4 Vorbereitende Maßnahmen zum eigenen Schreiben

Der Gebrauch von *mind maps* und *topic webs*

Using mind maps and topic webs

Die Textproduktion ist ein zentraler Bestandteil der Abiturprüfung. In diesem Teil erhalten Sie eine Reihe von praktischen Tipps und Anregungen zur eigenen Textproduktion.

Sie würden sicherlich nicht anfangen, Ihr Zimmer zu tapezieren oder Ihr Auto zu reparieren, ohne zuerst die notwendigen Materialien und Werkzeuge zu sammeln oder anzuschaffen. Das gilt auch für die eigene Textproduktion.

Daher führen Sie immer die folgenden „vorbereitenden Maßnahmen" durch, bevor Sie beginnen, den Text zu schreiben:

1 Sammeln Sie Ideen und Informationen anhand eines *mind map* oder eines *topic web*. Obwohl *mind maps* und *topic webs* ähnlich aussehen, ist ihre Funktion unterschiedlich.

Ein *mind map* wird benutzt, um die individuellen Gedanken, Gefühle und manchmal emotionalen Reaktionen einer Person zu einem gegebenen Thema zu sammeln und mindestens ansatzweise einzuordnen. Sie sind also ganz persönlich und zum Teil extrem subjektiv.

Ein *topic web* dagegen wird benutzt, um objektive Fakten und Informationen zu einem bestimmten Thema in logische Verbindungen zu bringen und vorläufig zu ordnen.

2 Wie Sie an den folgenden Beispielen sehen, sind vor allem *mind maps*, aber auch *topic webs* nur ein erster Schritt. Jetzt geht es darum, die Fülle an Material, das Sie gesammelt haben, zu sortieren und entsprechend der verlangten Textsorte zu ordnen.

Beispiel eines *mind map* (FAMILY):

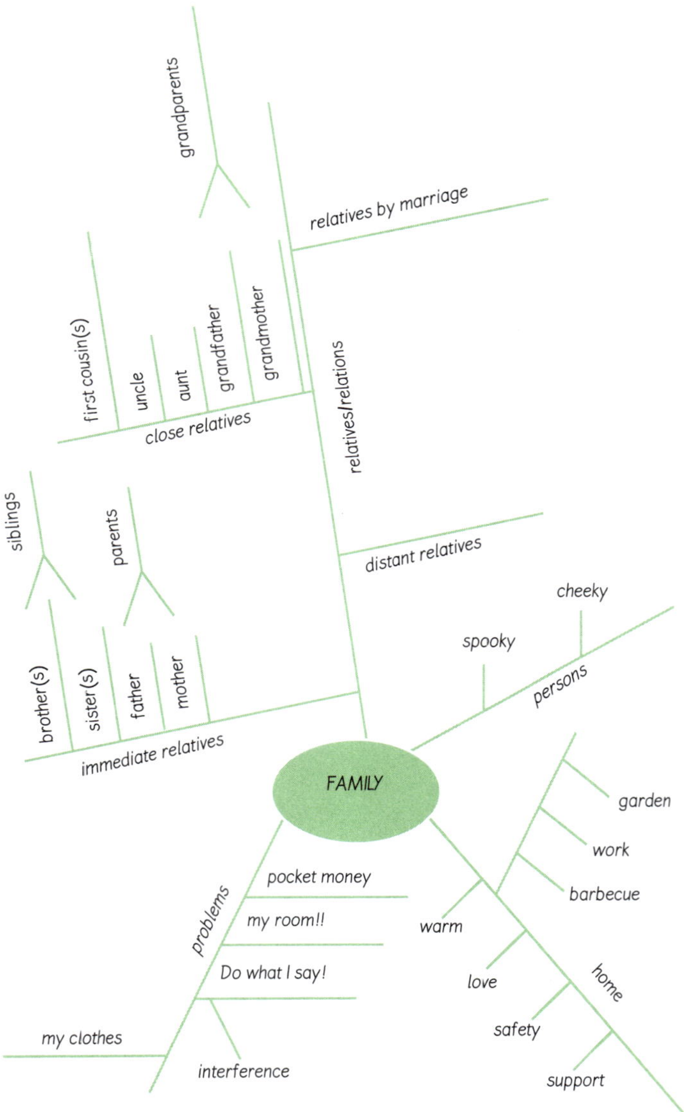

Beispiel eines *topic web* (ENERGY):

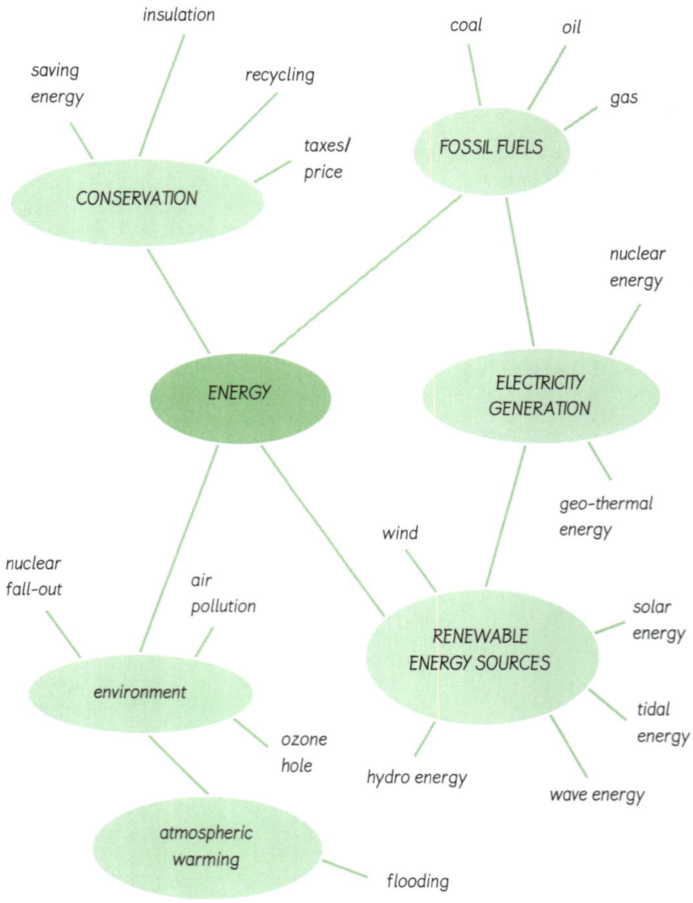

5 Das Schreiben nicht fiktionaler Texte

5.1 Das Schreiben eines Berichts

Writing a report

Ein Bericht ist die objektive Darstellung eines tatsächlichen Vorgangs. Er beantwortet folgende „journalistische Fragen“:

1. ***What** event took place?*
2. ***Where** and **when** did it take place?*
3. ***Who** was involved?*
4. ***Why** and **how** did it happen?*

Die folgenden **Arbeitsschritte** können Ihnen helfen, einen vollständigen und wertfreien Bericht zu verfassen.

SCHRITT 1 Schreiben Sie bloß nicht einfach drauflos! Mithilfe eines *topic web* (↗ S. 58) sammeln Sie die Fakten nach den oben genannten Leitfragen.

SCHRITT 2 Arrangieren Sie Ihr Material in der angegebenen Reihenfolge, also: Was? Wo? Wann? Wer? Warum? Wie?

Ein Beispiel:

> There was a bad accident on the main Norwich to Holt road near the Marsham Arms pub at about 9.30 yesterday evening. A 25-year-old man driving towards Norwich lost control of his car and crashed into a van travelling in the opposite direction. Both occupants of the van were injured, one seriously, while the car driver escaped unhurt. According to police, the accident was probably caused by driving too fast on a wet road, though this is still to be confirmed. (...)

SCHRITT 3 Berichte zeigen einen förmlicheren Stil, ohne **aufgeblasen** *(inflated)* oder **kompliziert** *(convoluted)* zu wirken. Wichtig sind Klarheit, Genauigkeit und Vollständigkeit. (↗ Gehobener Stil, S. 24 f.) Eine unpersönliche Haltung wird durch den Gebrauch des Passivs und durch eine wertfreie Darstellung der Ereignisse zum Ausdruck gebracht. (↗ Impersonal language, S. 24)

SCHRITT 4 Korrigieren Sie Ihren **Entwurf** *(draft)* und stellen Sie die **Reinschrift** *(fair copy)* her.

5.2 Das Schreiben von Stellungnahmen

Writing comments

Viele Aufgaben verlangen, dass Sie Ihre Meinung zu einem strittigen Thema darstellen sollen. Dies passiert in einer längeren schriftlichen Form als Kommentar oder Stellungnahme. Diese recht offene Definition weist darauf hin, dass es verschiedene Arten des Aufsatzes gibt. Der argumentative Aufsatz ist für Sie in diesem Zusammenhang wichtig. In diesen Aufsätzen müssen Sie eine Argumentation für oder gegen eine Idee präsentieren.

Hier sind einige Tipps, was Sie beim Schreiben von argumentativen Aufsätzen beachten sollten.

SCHRITT 1 Lesen Sie sich das für den Aufsatz vorgegebene Thema gründlich durch, um sicherzugehen, dass Sie es verstanden haben. Das Thema wird sicherlich auf einen oder einige Punkte beschränkt sein. Unterstreichen bzw. markieren Sie diese Punkte. Wenn Sie dies übersehen, kann es passieren, dass Sie von der Aufgabenstellung abweichen und irrelevantes Material mit in den Aufsatz einbauen.

Es folgen vier Beispiele für Themen, die in Klausuren vorgegeben wurden. Die Punkte, auf die sich die Themen beschränken, sind unterstrichen.

- *The centres of historical towns should be closed to private vehicles at all times.*
- *Really tough punishments for drug dealers and sympathetic help for drug users would soon solve the problem of drug abuse.*
- *Mothers of young children should not go to work at all until their children start full-time school.*
- *Divorced people under the age of 35 should have to pass a stiff marriage test like the driving test.*

SCHRITT 2 Schreiben Sie Ihre vorläufige Aussage zu dem Thema auf Konzeptpapier.

SCHRITT 3 Sammeln Sie Argumente für und gegen den im Thema enthaltenen kontroversen Vorschlag. Die Argumente beruhen auf Texten, die Sie gelesen haben, und natürlich auf Ihren eigenen Ideen. Ihre Ideen können Sie sammeln, indem Sie die Technik des „Brainstormings" anwenden. Machen Sie eine Liste aller Ideen, die Ihnen spontan zu dem Thema einfallen.

Noch sinnvoller kann ein *mind map* oder *topic web* (↗ S. 57, 58) sein. Das mag zwar zunächst mehr Zeit in Anspruch nehmen, aber später können Sie Zeit einsparen, wenn Sie die gesammelten Ideen nach logischen Gesichtspunkten geordnet und gewichtet haben.

SCHRITT 4 Schreiben Sie nun auf Konzeptpapier einen Entwurf *(draft)*, der sich an den folgenden Leitfaden hält. Konzentrieren Sie sich dabei ausschließlich auf das angesprochene Thema. (An diesem Punkt zahlt sich übrigens ein gut gemachtes *mind map* aus.)

Einleitung Darstellung des Problems und der eigenen Meinung

Mittelteil Argumente dafür/dagegen, durch geeignete Tatsachen und Beweise gestützt

Schlussteil Wiederholte Darstellung der Meinung und kurze Zusammenfassung der wichtigsten Gründe

SCHRITT 5 Untersuchen Sie den Entwurf auf sprachliche Fehler.

SCHRITT 6 Wenn Sie schließlich mit Ihrem Entwurf zufrieden sind, machen Sie eine **Reinschrift** *(fair copy)*. Vergessen Sie dabei nicht, ein Drittel der Seitenbreite für Korrekturen freizulassen.

5.3 Das Schreiben eines Interpretationsaufsatzes

Writing an interpretation

Bevor Sie mit der Interpretation eines Textes beginnen, sollten Sie ihn mehrere Male mit großer Aufmerksamkeit lesen. Bei Gedichten ist es oftmals hilfreich, sich vorzustellen, wie sich der Text anhört, wenn er laut vorgetragen wird. Auf diese Weise bekommen Sie ein Gefühl für den Rhythmus des Gedichts.

Wenn Sie den Text als Ganzes verstanden haben, machen Sie sich in einem weiteren Arbeitsgang Notizen, die sowohl den Inhalt als auch die Sprache betreffen. Stellen Sie sich vor allem die Frage, mit welchen Mitteln der Dichter die gewünschte Wirkung erreicht.

Beispiel Interpretationsaufsatz

Example interpretation

Walt Whitman, I hear America Singing

I hear America singing, the varied carols I hear;	*abwechslungsreich*
Those of mechanics - each one singing his, as it should be, blithe and strong;	*unbeschwert*
The carpenter singing his, as he measures his plank or beam,	*Brett, Balken*

The mason singing his, as he makes ready for work, or leaves off work;	*Steinmetz*
The boatman singing what belongs to him in his boat - the deckhand singing on the steamboat deck;	*Decksmann*
The shoemaker singing as he sits on his bench - the hatter singing as he stands;	*Hutmacher*
The wood-cutter's song - the ploughboy's, on his way in the morning, or at the noon intermission, or at sundown;	*Pflüger, Bauernjunge* *Mittagspause*
The delicious singing of the mother - or of the young wife at work, or of the girl sewing or washing,	
Each singing what belongs to her, and to none else,	*niemand anders*
The day what belongs to the day - at night, the party of young fellows, robust, friendly,	
Singing, with open mouths, their strong melodious songs.	

(from: The Patriotic Poems of Walt Whitman, Doubleday, Page & Company, 1918)

Walter Whitman, geb. 31. 05.1819, New York, gest. 26. 03.1892, Camden, New Jersey. Whitman verließ die Schule mit zwölf Jahren und hatte zahlreiche Jobs, bevor er anfing zu schreiben, zunächst für Zeitschriften. Ein Großteil von Whitmans Dichtung vermittelt ein idealisiertes Bild des amerikanischen Lebens.

Whitmans bekanntestes Werk *Leaves of Grass* (1855) galt in seiner Zeit als zu freimütig. Trotzdem wurde es von führenden Schriftstellern wie Ralph Waldo Emerson gelobt.

In Gedichten wie *I Sing the Body Electric* und *Song of Myself* wird in erster Linie die Schönheit des menschlichen Körpers thematisiert sowie physische Kraft und Sexualität. Die Elegien *Oh Captain! My Captain!* und *When Lilacs Last in the Dooryard Bloom'd*, die Abraham Lincoln gewidmet wurden, sind extrem patriotisch.

Hier ist ein Beispiel für die Zusammenfassung des Gedichts von Walt Whitman:

The poem begins with the statement "I hear America singing". It goes on to give a list of craftsmen and workers singing as they work. The list begins with mechanics and ends with a ploughboy. The poem then moves on to women singing as they do traditional "women's work" such as sewing. The poem ends with young men singing as they relax after work.

NOTICE Zusammenfassungen sollten möglichst kurz und knapp sein. Auf persönliche Kommentare sollte gänzlich verzichtet werden. Gehen Sie nicht zu detailliert auf Einzelheiten ein. Sie können jedoch hin und wieder ein Beispiel aus dem Text benennen, um Ihre Darstellung zu verdeutlichen.

Die folgenden Arbeitsschritte helfen Ihnen, ein Gedicht zu analysieren.

SCHRITT 1 Es ist sinnvoll, mit einer einfachen Beschreibung der äußeren Form des Gedichts zu beginnen (Strophen- und Zeilenzahl, Reimschema etc.).

SCHRITT 2 Anschließend sollten Sie untersuchen, welche Stilmittel (↗ Stilmittel, S. 26 ff.) angewendet wurden. Häufige Stilmittel sind:

- Aufzählung, Reihung *(enumeration)*
- Wiederholung *(repetition)*
- Personifikation *(personification)*
- Übertreibung *(hyperbole* oder *exaggeration)*
- Vergleich *(simile)*. Beachten Sie, dass Vergleiche im Englischen häufig mit *like* eingeleitet werden.

SCHRITT 3 Machen Sie deutlich, welchen Gesamteindruck der Leser des Gedichts aufgrund der genannten Stilmittel bekommt.

Hier ist ein Beispiel für die sprachliche Analyse des Gedichts:

> The poem consists of only one stanza. The lines are of various lengths, and there is no rhyme scheme. Changes of person within lines is usually signalled by the use of long dashes (–).
> Whitman makes use of three, and possibly four, common stylistic devices in the poem. In the first line, America is referred to as a person who can sing (l. 1). This is an obvious example of personification as it gives a thing, America, human characteristics.
> There is also an example of repetition ("hear"), and this device is used throughout the poem with the almost rhythmic repetition of the word "singing".
> However, the poem also makes much use of enumeration, first of various crafts and manual occupations – for example "mechanics" (l. 2), "carpenter" (l. 4), "mason" (l. 6) or "boatman" (l. 8) – and then of women's occupations (l. 16–18).
> Depending on subjective judgement, a fourth device is hyperbole. It is striking that every person in the poem is exceptionally happy and optimistic, as is shown by the use of positive adjectives like "blithe" (l. 3), "strong" (l. 3), "delicious" (l. 16), "robust" (l. 22), "friendly" (l. 22) and "melodious" (l. 23). Does this fit the reality of manual labour in 19th-century America? Certainly not. In fact, we know from historical research that hours of work were long and exhausting, pay was low and the life expectancy of workers short.

Hier ist ein Beispiel für die Einbettung des Gedichts in den historischen Kontext:

> The title of the poem "I hear America singing" is similar to that of patriotic songs such as "God Bless America" and "America The Beautiful". The poem's optimistic, forward-looking and confident tone reflects the basic

values of freedom and self-sufficiency that were so characteristic of American society. While the idea of self-sufficiency goes back to the earliest colonial days, it was further stimulated by the opening up of the west by millions of settlers, mostly of European origin. A highly patriotic, idealised view of America was encouraged as a way of turning "foreign immigrants" into "real Americans".

NOTICE Denken Sie daran, dass sich die USA zu der Zeit, als das Gedicht entstand, immer weiter in Richtung Westen ausdehnten und dabei waren, sich als überragende Industriemacht zu etablieren (↗ The expansion of the USA, S. 124).

5.4 Das Schreiben einer Zusammenfassung

Writing a summary

Im Englischunterricht fassen Sie oft einen ganzen Text oder längere Abschnitte mündlich zusammen. In der Abiturklausur werden Sie mit Fragen konfrontiert, die Sie nur beantworten können, indem Sie Informationen zusammenfassen, die im gesamten Text verteilt sind *(summarising questions)*. Die folgenden Hinweise und Schritte können Sie für beide Formen der **Zusammenfassung** *(summary)* anwenden.

SCHRITT 1 Stellen Sie wie immer sicher, dass Sie den Text verstanden haben, bevor Sie die Aufgaben bearbeiten.

SCHRITT 2 Lesen Sie den Text zunächst Satz für Satz durch. Klammern Sie dann all die Sätze, Satzteile, Wörter usw. ein, die nicht wesentlich zur Argumentation des Autors beitragen oder seinen Gedankengang widerspiegeln.

Wenn Sie den Schritt 2 anwenden, wird Ihnen auffallen, dass Sie die folgenden Elemente eines Textes ausklammern:

- **Statistiken** *(statistics)*, **Tabellen**, **grafische Darstellungen** *(graphics)*.
- **Beispiele**, die durch Wendungen wie *for example / e. g., for instance, such as, as in the case of, as when* usw. eingeleitet werden.
- **Anekdoten** *(anecdotes)*, **Witze** *(jokes)* und **Aparte** *(asides)*, die z. B. durch *by the way, incidentally, in passing, that reminds me* usw. angekündigt werden. Das gilt auch für **Sprichwörter** *(proverbs)* und **Lebensweisheiten** *(wise sayings)*.
- **Wiederholungen**, denen Ausdrücke wie *in other words, put another way, as I was saying, as I have already said, to repeat* usw. vorausgehen.

- **Stilmittel** *(stylistic devices)*, vor allem *similes* (Vergleiche mit *like*), **Aufzählung** *(enumeration)* und natürlich **Wiederholung** *(repetition)*.
- **Zitate** *(quotations)* und Meinungen von Experten, die ein Argument unterstützen oder einen Aspekt illustrieren sollen.

SCHRITT 3 Übertragen Sie die Teile des Texts, die sich außerhalb der Klammern befinden, auf ein anderes Blatt Papier. Prüfen Sie, ob Sie wirklich alle unnützen Teile entfernt haben. Überflüssiges Textmaterial in Zusammenfassungen einzubringen, ist ein geradezu klassischer Fehler.

SCHRITT 4 Als Zwischenergebnis haben Sie jetzt eine Liste von Wörtern, Satzteilen usw., die das Wesentliche des Inhalts wiedergeben. Fügen Sie diese Stücke nun zu einem zusammenhängenden Text zusammen. Dieser Schritt ist sehr wichtig, denn manche Leute meinen, eine Auflistung ihrer gesammelten Stichpunkte sei eine Zusammenfassung, und das ist nun mal nicht der Fall.

SCHRITT 5 Bevor Sie eine **Reinschrift** *(fair copy)* machen, sollten Sie Ihre erste Version auf Fehler überprüfen.

NOTICE Wichtige Aspekte:

- die **Rechtschreibung**, besonders bei Wörtern aus dem Originaltext
- die **Zeitformen** (benutzen Sie das *simple present* als Grundlage [*basic tense*], Sie müssen manchmal jedoch auch das *present perfect* oder *simple past* einsetzen)
- die **Wortstellung**, besonders bei **Adverbien der Häufigkeit** *(adverbs of frequency)* und des **Grades** *(adverbs of degree)*
- die Anwendung des **bestimmten Artikels** *(definite article)*; lassen Sie ihn im Zweifelsfall lieber weg
- Verben, auf die ein **Gerundium** oder **Infinitiv** folgt
- **Verbindungswörter** *(connectors: although, on the other hand, because* usw.)

6 Das Schreiben fiktionaler Texte

6.1 Das kreative Schreiben

Creative writing

In einigen neuen Lehrplänen spielt das Schreiben von „kreativen Texten“ eine zunehmend wichtige Rolle.
Im englischsprachigen Raum ist *creative writing* – z. B. das Schreiben einer Kurzgeschichte oder eines Gedichts – äußerst beliebt. Das freie Schreiben kann aber nur bedingt auf den fremdsprachlichen Unterricht übertragen werden, da es eine künstlerische Begabung verlangt, die beim Erwerb einer Fremdsprache nur eine untergeordnete Rolle spielt. Aus diesem Grund wird im Englischunterricht und in der Abiturprüfung in der Regel nur das Schreiben von „textbezogenen Texten“ verlangt, das auf den Inhalt und die Sprache eines im Unterricht durchgenommenen Textes zurückgreift.

Typische Aufgabenstellungen zum freien Schreiben

Typical creative writing assignments

Dies sind die geläufigsten Aufgaben, die Sie in der Abiturprüfung antreffen werden:

- die **Fortführung** einer Kurzgeschichte oder eines Theaterstückes, z. B.:
  - *How do you think the story could continue/go on?*
  - *Write a further scene to show how the play might continue.*

↗ Kurzgeschichten, S. 13 ff., Dramen, S. 18 ff.

- das **Neuschreiben** einer Geschichte aus einer anderen Erzählperspektive, z. B.:
  - *Rewrite the ... incident from ...'s point of view.*
  - *Describe ... through ... eyes.*

↗ Erzählperspektive, S. 33 ff.

- das Schreiben eines **Berichts** (↗ S. 59) oder **Briefs**, z. B.:
  - *Write a police report about the accident/the suicide attempt/...*
  - *Write a letter from ... to ... about what happened in the story/play.*

- Das Schreiben eines **Interviews** oder **Privatgespräches**, z. B.:
  - *Write an interview between ... and the police/a reporter.*
  - *Write a private conversation between ... and ... about the incident when ...*

6.2 Die Fortführung einer Geschichte schreiben

Writing the continuation of a story

Obwohl es keine festen Regeln über das Schreiben von fiktiven Texten gibt, kommen doch gewisse Tipps und Ratschläge immer wieder vor. Am wichtigsten sind die folgenden:

1 Versuchen Sie sich immer in die Lage der Figur zu versetzen, die in der Handlung beschrieben wird. Dann stellen Sie sich die folgenden Fragen:

- Was würde ich in dieser Situation tun?
- Wie würde ich jetzt reagieren?

2 Beim Schreiben sollten Sie sich immer vorstellen, dass Sie sich mit einem guten Freund entspannt und verbindlich unterhalten. So erhalten Sie eine natürliche Schreibweise.

Die folgenden Arbeitsschritte helfen Ihnen beim Schreiben:

SCHRITT 1 Vergewissern Sie sich zuerst, dass Sie die Handlung der Geschichte vollständig verstanden haben. Dazu sollten Sie auch beachten, dass zum Verständnis des *plot* neben dem Verstehen des Handlungsverlaufs auch die Einsicht in die Charaktere (Charakterisierung) gehört (↗ Charakterisierung, S. 36 f.)!

SCHRITT 2 Das Schreiben der Fortführung einer bestehenden Geschichte ist nur bedingt frei oder „kreativ“, da die Handlung weitgehend schon vorgegeben ist.

Daher bearbeiten Sie diese sechs Schlüsselfragen als eine vorbereitende Maßnahme:

1 Wie verhalten sich die Charaktere? Welche Stärken und Schwächen haben sie? Wie sind ihre Beziehungen zueinander?

2 Aus welcher **Erzählperspektive** *(point of view)* wird die Handlung dargestellt?

Wird ein **Ich-Erzähler** *(first person narrator)* oder ein **Beobachter** *(third person narrator)* benutzt? Falls ein Beobachter eingesetzt wird, dann ist er entweder **allwissend** *(omniscient)* oder **außenstehend** *(limited)*.

(↗ Erzählperspektive, S. 33 ff.)

3 Welche Konfliktsituationen kommen in der Geschichte vor? Wie wird der Konflikt dargestellt und behandelt? Wird die Situation gelöst oder existiert sie noch in anderer Form weiter? (↗ Konflikt in der Literatur, S. 39 f.)

4 Wie sind der **Handlungsort** *(setting)* und die **Atmosphäre** *(atmosphere)* gewählt? (↗ Handlungsort und Atmosphäre, S. 29 ff.)

5 In welcher Situation befindet sich der betroffene Charakter am Ende der Geschichte? Wie sieht also der **Ausgangspunkt** *(point of departure)* Ihrer Fortsetzung der Geschichte aus?

6 Wo soll Ihre Geschichte hinführen? In welcher Lage sollte(n) sich die Person(en) also am Ende Ihres Abschnitts befinden?

SCHRITT 3 Benutzen Sie ein *mind map*, um Ideen zu sammeln. (↗ Vorbereitende Maßnahmen, S. 56 ff.)

SCHRITT 4 Werten Sie Ihre Ideen gemäß den Schlüsselfragen oben aus. Achten Sie besonders auf **Glaubwürdigkeit** *(plausibility)* und **Konsequenz** *(consistency)*.

SCHRITT 5 Jetzt haben Sie ein mögliches Szenario entwickelt. Benutzen Sie es, um Ihre Fortführung der Geschichte zu verfassen.
Achten Sie dabei auf folgende Punkte:

1 Benutzen Sie unbedingt dieselbe Zeitform, die in der Originalgeschichte verwendet wird.

2 Versuchen Sie, denselben Stil und dieselbe **Wortwahl** *(choice of language)* wie im Original zu verwenden (↗ Sprachgebrauch und Stilmittel, S. 22 ff.).

3 Versuchen Sie bitte nicht, den großen Schriftsteller oder die große Schriftstellerin zu mimen! Dies funktioniert nicht, da Sie so wahrscheinlich einen sehr unnatürlichen Schreibstil benutzen würden. Besser ist es, sich an folgende Empfehlungen von George Orwell zu halten:

I *Never use a metaphor, simile, or other figure of speech* (Stilmittel) *which you are used to seeing in print.*

II *Never use a long word where a short one will do.*

III *If it is possible to cut a word out, always cut it out.*

IV *Never use the passive where you can use the active.*

V *Never use a foreign phrase, a scientific word or a jargon word if you can think of an everyday English equivalent.*

VI *Break any of these rules sooner than saying anything outright barbarous* (ausgesprochen primitiv).

SCHRITT 6 Überprüfen Sie Ihren Entwurf *(draft)* auf mögliche Fehler und erstellen Sie eine Reinschrift *(fair copy)*.

6.3 Aus einer anderen Erzählperspektive schreiben

Writing point-of-view stories

Eine **Geschichte aus einer anderen Erzählperspektive** *(point-of-view story)* ist im Schulgebrauch eine Geschichte oder ein Handlungsabschnitt, der aus dem Blickwinkel eines anderen Charakters als dem des ursprünglichen Erzählers beschrieben wird, also durch Verwendung eines neuen Erzählers. Im Folgenden erfahren Sie, wie Sie verschiedene Geschichten aus einer anderen Erzählperspektive neu schreiben können. Zur Verdeutlichung sei angemerkt, dass der Wechsel der Erzählperspektive nicht nur die Änderung des Betrachters (also von einem Erzähler zum nächsten), sondern immer auch die Änderung des Stilmittels (also z. B. vom Ich-Erzähler zum außenstehenden Beobachter) beinhaltet.

Geschichten aus der Sicht des Ich-Erzählers

First person narrator

Geschichten eines Ich-Erzählers sind am einfachsten in Geschichten aus einer anderen Erzählperspektive umzuwandeln. Um die Geschichte eines Ich-Erzählers aus einer anderen Perspektive neu zu schreiben, ist es grundsätzlich möglich, irgendeinen anderen Charakter als den neuen Erzähler zu wählen. In der Praxis ist es jedoch am effektivsten, die Rollen zwischen dem ursprünglichen Erzähler und einem der Hauptcharaktere als neuem Erzähler zu tauschen (↗ Ich-Erzähler, S. 34).

Geschichten aus der Sicht des allwissenden Beobachters

Omniscient third person narrator

Der allwissende Erzähler gibt eine Geschichte aus der Sicht eines Charakters wieder, also aus der Sicht des Helden bzw. der Heldin. Da der Erzähler **„allwissend"** *(omniscient)* ist, kann er nicht nur Aktionen und Äußerlichkeiten beschreiben, sondern auch seine Gedanken und Gefühle (↗ allwissender Beobachter, S. 34 f.).

Es bestehen zwei Möglichkeiten, die Geschichte eines allwissenden Beobachters aus einer anderen Erzählperspektive zu schreiben:

1 Sie können die Schreibweise in der dritten Person beibehalten, aber die Geschichte aus dem Blickwinkel eines anderen Charakters erzählen. Beispiel: In Kriminalgeschichten gibt der Erzähler sehr oft die

Handlung aus der Sicht der Polizei wieder. In diesem Fall können Sie einen Erzähler in der dritten Person die gleiche Handlung aus der Sicht des Täters erzählen lassen, wie in den Ripley-Romanen von Patricia Highsmith. Dies entspricht der Erzählperspektive des außenstehenden Beobachters.

2 Sie können einfach den Hauptcharakter oder einen der Hauptcharaktere als Ich-Erzähler verwenden (↗ S. 69).

Geschichten aus der Sicht des außenstehenden Beobachters

Limited third person narrator

Der außenstehende Beobachter gibt eine Geschichte aus der Sicht eines Reporters wieder *("a fly on the wall")* (↗ außenstehender Beobachter, S. 35).

Um solche Geschichten umzuwandeln, muss man entweder einen Ich-Erzähler oder einen allwissenden Beobachter verwenden (↗ S. 69).

Von letzterer Möglichkeit ist jedoch abzuraten, da sie extrem anspruchsvoll ist. Aus diesem Grund sollten Sie solche Geschichten umwandeln, indem Sie einen passenden Ich-Erzähler verwenden.

Gehen Sie in folgenden Schritten vor, wenn Sie Geschichten aus einer anderen Erzählperspektive schreiben:

SCHRITT 1 Wie immer sollten Sie zuerst sicherstellen, dass Sie die Originalgeschichte bzw. den entsprechenden Abschnitt verstanden haben, bevor Sie mit der Arbeit beginnen. Neben der Handlung sollten Sie insbesondere auch auf die Gefühle und Beweggründe *(motives)* der einzelnen Charaktere achten.

SCHRITT 2 Fangen Sie nicht einfach an zu schreiben. Beginnen Sie zunächst mit einer provisorischen Liste der vorzunehmenden Änderungen in der Geschichte.

Diese Liste sollte folgende Punkte beinhalten:

1 formale **grammatikalische Veränderungen**, insbesondere Pronomen und entsprechende Verbindungen, sowie einige Adverbien und Präpositionen

2 **Hinzufügungen** zum Original durch die veränderte Erzählperspektive

3 **Streichungen** vom Original durch diese Veränderung

SCHRITT 3 Überprüfen Sie Ihre Liste auf Vollständigkeit. Achten Sie insbesondere auf Hinzufügungen und Streichungen. Versetzen Sie sich für Hinzufügungen in die Lage des erzählenden Charakters. Fragen Sie sich:

- Wie würde ich mich fühlen? Was würde ich sagen?

Für die Streichungen sollten Sie sich fragen:

- Würde ich dies über die Person wissen?

Ist dies nicht der Fall, lassen Sie es aus.

SCHRITT 4 Wenn Sie meinen, dass Ihre Liste vollständig ist, schreiben Sie einen Entwurf *(draft)* Ihrer Geschichte aus der neuen Erzählperspektive. Achten Sie darauf, stets dieselben Zeiten und den gleichen Stil zu verwenden wie das Original.

SCHRITT 5 Überprüfen Sie Ihren Entwurf auf mögliche Fehler und erstellen Sie eine Reinschrift *(fair copy)*.

6.4 Prosa in Bühnenstücke oder Drehbücher umwandeln

Changing prose stories into plays or screenplays

Wenn Sie ein Printmedium in ein visuelles Medium umwandeln, halten Sie sich an die folgenden Schritte:

SCHRITT 1 Vergewissern Sie sich, dass Sie den Prosatext im Original verstanden haben. Achten Sie dabei insbesondere auf die Charakterisierung, also darauf, wie sich die einzelnen Personen verhalten und wie dies dem Leser vermittelt wird.

SCHRITT 2 Teilen Sie anschließend den Text in die folgenden vier Teile auf:

1. Beschreibung des **Handlungsortes**
2. Beschreibung der Bewegungen der verschiedenen Personen, einschließlich **Gestik** und **Mimik**
3. **Direkte Rede** einschließlich **Tonfall**, z. B. ärgerlich oder weich
4. **Gedanken** der einzelnen Charaktere

Markieren Sie die entsprechenden Passagen mit einem Textmarker oder durch farbiges Unterstreichen.

SCHRITT 3 Die vier Elemente einer fiktiven Prosageschichte können Sie wie folgt in die entsprechenden Elemente eines Bühnenstücks oder Films umwandeln:

1. **Handlungsort**: Bühnen-(Stück) oder Set-(Film)Anweisungen für den Bühnen- oder Setdesigner und/oder Regisseur am Anfang einer Szene

2 **Bewegungen**: Regieanweisungen für die Darsteller und den Regisseur (in Klammern) an der entsprechenden Stelle im Manuskript

3 **Direkte Rede**: Dialoge nach dem Namen der Person mit Regieanweisungen in Klammern

4 **Gedanken**: Gesichtsausdrücke und möglicherweise zusätzliche Dialoge; dies wird in der Praxis oft ausgelassen

SCHRITT 4 Verteilen Sie die Dialoge, also die Sprechauftritte und Rollen, auf die einzelnen Charaktere. Müssen Sie zusätzliche Dialoge einfügen, um die Gedanken einer Person auszudrücken? Ist dies der Fall, so überlegen Sie, ob diese Gedanken von der Person selbst gesprochen werden können oder ob hierfür ein neuer Charakter geschaffen werden muss.

Wenn möglich, lassen Sie Gedanken und Gefühle aus, die schauspielerisch nur schwer darzustellen sind. Überlassen Sie dies dem Vorstellungsvermögen des Publikums.

SCHRITT 5 Schreiben Sie die Regieanweisungen wie in Schritt 3 beschrieben. Zur Hilfe können Sie diese in anderen Bühnenstücken nachlesen.

SCHRITT 6 Überprüfen Sie Ihren **Entwurf** *(draft)* auf mögliche Fehler und erstellen Sie eine **Reinschrift** *(fair copy)*.

7 Übersetzung

Heutzutage misst man im Bereich Übersetzung der sinngemäßen Wiedergabe eines englischen Textes mehr Bedeutung zu als dem genauen Übertragen englischer Wörter und Strukturen ins Deutsche. Konkret heißt das, anstatt sich zu fragen: „Wie lautet dieser Satz auf Deutsch?“, sollten Sie die Frage stellen: „Wie drücken wir diese Gedanken auf Deutsch aus?“

Aber freuen Sie sich nicht zu früh: Professionelle Übersetzer mögen so arbeiten können, aber das hört sich einfacher an als es ist. Es ist zwar paradox, aber Sie brauchen bei schwierigen Texten bessere fremdsprachliche Fähigkeiten für die **„freie Übersetzung“** *(free translation)* als für die **„wörtliche Übersetzung“** *(literal translation)*.

In der Praxis werden Sie es einfacher finden, sich ziemlich eng am englischen Text zu orientieren, weil Sie so konkreter und systematischer arbeiten können.

Arbeitsschritte

Die folgenden Arbeitsschritte können auf dem Weg zu einer gelungenen Übersetzung sehr hilfreich sein. Achten Sie jedoch auch bei diesem Weg auf heimtückische Stolperfallen.

SCHRITT 1 Wie sonst auch fangen Sie nicht sofort an zu schreiben. Lesen Sie den gesamten Text durch, um die **Kernaussage** *(core sense)* zu erfassen. Vergessen Sie nicht, dass der **Titel** *(title)* auch zum Text gehört und viel über diesen verrät.

SCHRITT 2 Lesen Sie den Text noch einmal gründlich durch. Unterstreichen oder markieren Sie Wörter, Ausdrücke und vielleicht auch Satzstrukturen, die Sie nicht verstehen.

NOTICE “Don’t use your dictionary, use your head.”

SCHRITT 3 Wenden Sie zunächst Ihre **Worterkennungsfertigkeiten** *(word recognition skills)* an, um die Bedeutungen unbekannter Wörter herauszufinden. Vergessen Sie aber nicht, dass viele Wörter mehrere Bedeutungen haben. Sie dürfen ein Wort nie einzeln betrachten, da der Sinnzusammenhang die wahre Bedeutung festlegt.

SCHRITT 4 Wenn Sie den englischen Text verstanden haben, können Sie damit anfangen, ihn ins Deutsche zu übersetzen.

SCHRITT 5 Wenn Sie mit der Übersetzung fertig sind, vergleichen Sie diese unbedingt mit dem Original, um sicherzugehen, dass Sie nichts übersehen haben.

SCHRITT 6 Schließlich sollten Sie die englische Version danebenlegen und prüfen, ob Ihre Übersetzung in korrektem und verständlichem Deutsch geschrieben ist.

NOTICE Zwei praktische Tipps zur Gestaltung:

- Schreiben Sie mit **doppeltem Zeilenabstand**, damit Sie genug Platz für Korrekturen haben.
- Schreiben Sie **vorläufige Übersetzungen mit Bleistift**, um sie später leicht verändern zu können.

Achten Sie schließlich noch auf die im Folgenden beschriebenen Probleme mit Eigennamen und mit Vokabeln. Diese sorgen nämlich sehr oft für Fehler.

1 Namen – *names*

Benutzen Sie die deutschen Entsprechungen für Ländernamen, z. B. *die Vereinigten Staaten*, *die Türkei*, *Skandinavien* und *Südafrika*.

Das Gleiche gilt für Institutionen wie *die Europäische Union*, *die Weltbank*, *das Rote Kreuz*, *die Vereinten Nationen* usw.

Versuchen Sie andererseits nicht, Eigennamen zu übersetzen, für die es keine deutsche Entsprechung gibt – *Greenpeace* bleibt „Greenpeace“ und wird nicht zu „grüner Frieden“.

2 Probleme mit Vokabeln – *problems with vocabulary*

Bei vielen Wort- und Ausdrucksfehlern handelt es sich oft um

a die Verwechslung von ähnlich klingenden deutschen und englischen Wörtern („falsche Freunde“) und um

b englische Wortpaare, die ohnehin oft verwechselt werden *(confusables)*.

In diesem Zusammenhang sehen Sie unbedingt die folgenden Listen an:

↗ Probleme mit „falschen Freunden“, S. 79 f.
↗ Wörter, die leicht verwechselt werden, S. 80 ff.

7.1 Beispielübersetzung

Example translation

"There was hardly any contact between the British and native Indians, except, of course, as servants or soldiers," said John Morris, an Army officer. "Those few British who did have closer contact were usually despised by their own fellow countrymen for 'going native'. Most of us lived completely separate lives as if we were not in India at all. I knew people who had spent years living in luxury in India, but who couldn't tell you a thing about Indian history or culture. It just had no meaning for them."
"I will never ever forget once returning from leave in England. I boarded the train in Bombay and discovered that the other berth in my sleeping compartment was occupied by an Indian. I am sorry to say that by that time I had become infected by the mentality of the British ruling class in India. I called the stationmaster and ordered him to eject 'this Indian gentleman'. He spoke absolutely perfect English and was clearly a courteous and highly educated man and I have no doubt that he could have taught me a great deal about India. It is the incident in my life of which I am most deeply ashamed."
(201 words)

SCHRITT 1 Lesen Sie zunächst den gesamten englischen Text gründlich durch, um die Kernaussage und den Sinnzusammenhang zu verstehen.

SCHRITT 2 Unterstreichen oder markieren Sie Wörter und Ausdrücke, die Sie als entscheidend für den Sinnzusammenhang erachten *(key words and expressions)*. Unterstreichen oder markieren Sie zudem Wörter, die für die Satzstruktur von Bedeutung sind. Schließlich unterstreichen oder markieren Sie alle Begriffe, die Sie nicht kennen oder deren Bedeutung Sie nicht verstehen. Sie werden erkennen, dass sich viele unbekannte Begriffe aus dem Kontext erschließen lassen. Im Beispieltext sind all diese Wörter und Ausdrücke blau markiert.

Im Folgenden finden Sie einige Überlegungen zur Übersetzung von Einzelwörtern, Ausdrücken oder sprachlichen Strukturen:

- Der Ausdruck *native Indians* ist nicht eindeutig. Im späteren Verlauf des Textes wird aber *India* genannt. Somit wird deutlich, dass hier von Indien und nicht von Amerika die Rede ist.
- Die hier gewählte Form *did have* drückt eine besondere Betonung aus, die im Deutschen mit „tatsächlich" zum Ausdruck gebracht werden kann.
- Um den Sinn des englischen Ausdrucks *to go native* akkurat wiedergeben zu können, muss freier übersetzt werden.

- Die betonte Form *never ever* wird nicht wörtlich, sondern mit „nie und nimmer" übersetzt.
- In diesem Kontext kann das Nomen *leave* mit „Heimaturlaub" (eines Soldaten) wiedergegeben werden.
- Aus dem Kontext *(in my sleeping compartment)* kann erschlossen werden, dass mit *berth* eine Art Bett oder Schlafgelegenheit gemeint sein muss.

SCHRITT 3 Wenn Sie sich über die Bedeutung des englischen Textes im Klaren sind, können Sie mit der Übersetzung beginnen.

SCHRITT 4 Ist die Übersetzung abgeschlossen, vergleichen Sie sie unbedingt noch einmal mit dem Original, um sicherzugehen, dass Sie nichts vergessen haben.

SCHRITT 5 Lesen Sie Ihre Übersetzung erneut gründlich durch. Kontrollieren Sie die Rechtschreibung und prüfen Sie, ob der Text sowohl inhaltlich als auch sprachlich korrekt ist.

Hier ist ein Beispiel für die Übersetzung:

„Zwischen Engländern und Indern gab es kaum je Kontakte, natürlich abgesehen von solchen zur Dienerschaft oder zu den Soldaten", sagte John Morris, ein Offizier der Armee. „Die wenigen Engländer, die tatsächlich einen engeren Kontakt pflegten, wurden gewöhnlich von ihren Landsleuten verachtet, weil sie sich an die Lebensweise der Einheimischen angepasst hatten. Die meisten von uns lebten völlig abgeschottet - als wären wir überhaupt nicht in Indien. Ich habe Menschen gekannt, die über Jahre hinweg ein Leben in Luxus in Indien geführt haben, aber gar nichts über indische Geschichte oder Kultur wussten. Das hatte einfach keine Bedeutung für sie."
„Ich werde nie und nimmer vergessen, wie ich einmal aus dem Heimaturlaub in England zurückkehrte. Ich stieg in Bombay in den Zug ein und stellte fest, dass die andere Schlafkoje in meinem Schlafwagenabteil von einem Inder belegt war. Ich bedauere zugeben zu müssen, dass ich zu der Zeit von der Mentalität der herrschenden englischen Klasse in Indien infiziert worden war. Ich rief den Stationsvorsteher und verlangte von ihm, diesen ‚indischen Gentleman' hinauszuwerfen, der absolut perfektes Englisch sprach, ein ganz offensichtlich höflicher und hochgebildeter Mann war und mir zweifelsohne sehr viel über Indien hätte beibringen können. Das ist das Ereignis in meinem Leben, dessen ich mich am meisten schäme."
(205 Wörter)

7.2 Probleme mit Strukturen

Problems with structures

NOTICE Passen Sie bei den folgenden englischen Strukturen besonders auf. Man kann sie nämlich nicht wörtlich ins Deutsche übersetzen.

Der Infinitiv

Infinitives

- *Unfortunately the boss refuses* ***to pay*** *us more money.*
  Leider weigert sich der Chef, uns mehr Geld zu bezahlen.

Die Verlaufsform der Zeiten

The progressive tenses

- *The government* ***is building*** *a huge dam in Alaska.*
  Die Regierung baut momentan (zurzeit) einen riesigen Staudamm in Alaska.
- *The driver* ***was using*** *a mobile phone when the accident happened.*
  Der Fahrer benutzte (gerade) ein Handy, als der Unfall passierte.
- *Unemployment* ***has been rising*** *steeply since 1990.*
  Die Arbeitslosigkeit steigt seit 1990 steil an.

Das *going to*-Futur

The going to-future

- *Unemployment* ***is going to grow****.*
  Die Arbeitslosigkeit wird (sicherlich) wachsen.
- *BMW* ***is going to build*** *a new factory in South Carolina.*
  BMW hat vor, eine neue Fabrik in South Carolina zu bauen.

Einschränkende und betonende Adverbien

Qualifying and emphasising adverbs

Besonders sorgfältig müssen Sie die folgenden Adverbien übersetzen, da diese den Sinn einer Aussage verändern:

- Adverbien der Häufigkeit wie *often*, *seldom*, *sometimes*
- Adverbien des Grades wie *quite*, *rather*, *particularly* und
- Satzadverbien wie *on the whole*, *generally speaking*, *of course*, *unfortunately*

NOTICE Prüfer/-innen achten besonders auf die genaue Wiedergabe solcher Adverbien.

Das Passiv

The passive

- *I'm afraid we* ***weren't treated*** *fairly.*
  Leider hat man uns nicht fair behandelt.
- *It* ***mustn't be forgotten*** *that all humans are equal in the eyes of God.*
  Man darf nicht vergessen, dass vor Gott alle Menschen gleich sind.
- *Shakespeare* ***is said to have been*** *only an average pupil.*
  Man sagt, dass Shakespeare nur ein durchschnittlicher Schüler war.
- *Bill Gates* ***is said to be*** *incredibly rich but very modest.*
  Bill Gates soll unglaublich reich, aber sehr bescheiden sein.

Die indirekte Rede

Reported speech

- *The accused said he* ***was*** *innocent.*
  Der Angeklagte sagte, dass er unschuldig sei.

Der Relativsatz ohne Relativpronomen

Contact clauses

- *In Wetter there is a* ***factory built*** *by Friedrich Harkort.*
  Es gibt in Wetter eine Fabrik, die von Friedrich Harkort gebaut wurde.

Das Gerundium und das Partizip Präsens (*-ing*-Form)

Gerunds and present participles (-ing-forms)

- *The man* ***going*** *into the bank is my new neighbour.*
  Der Mann, der gerade in die Bank geht, ist mein neuer Nachbar.
- *Sarah loves* ***living*** *in France.*
  Sarah lebt sehr gerne in Frankreich.
- ***Having*** *achieved their aim, many soldiers left Serbia.*
  Nachdem sie ihr Ziel erreicht hatten, verließen viele Soldaten Serbien.

7.3 Wie man lexikalische Fehler vermeidet

Avoiding vocabulary mistakes

Bei der Übersetzung und der Texterstellung sind die meisten Fehler **Wort- bzw. Ausdrucksfehler** *(vocabulary and usage mistakes)*.
Abgesehen von lückenhaften Vokabelkenntnissen, handelt es sich bei Wortfehlern oft um

a das Phänomen der Interferenz (= Verwechslung von ähnlich klingenden deutschen und englischen Wörtern)

und

b englische Wörter, die häufig – auch von Muttersprachlern – verwechselt werden.

Die erste Gruppe nennt man *false friends*, die zweite *confusables*.

Probleme mit „falschen Freunden“

Problems with “false friends”

Hier ist eine Liste von falschen Freunden, die Sie oft und gerne im Stich lassen.
In der linken Spalte ist das deutsche Wort. In der mittleren Spalte finden Sie die richtige englische Entsprechung im Kontext. Rechts steht der typische Fehler.

VERBEN		
bemerken	*I'm sorry. I didn't **notice** you.*	~~remark~~
irritieren	*Don't **distract** Ann. She's counting.*	~~irritate~~
meinen	*Tom **thinks** Sally is fantastic.*	~~means~~
machen	*Have you **done** your homework yet?*	~~made~~
spenden	*Germans **donate** a lot of money to charity.*	~~spend~~
starten	*The plane **took off** two hours late.*	~~started~~
übersehen	*The driver **overlooked** a red light.*	~~oversaw~~
NOMEN		
Land	*Bavaria is the biggest **state** in Germany.*	~~land~~
Menü	*The **set meal** costs $ 4.50.*	~~menu~~
Pension	***Guest houses** are cheaper than hotels.*	~~pension~~
Politik	*The government's rail **policy** is crazy.*	~~politic(s)~~
Preis	*Our school won a **prize** of £ 1000.*	~~price~~
Rente	*I can't live on such a small **pension**.*	~~rent~~
Rezept	*Take this **prescription** to the chemist's.*	~~recipe~~

ADJEKTIVE, ADVERBIEN

aktuell	*Global warming is a* ***current*** *problem.*	~~actual~~
brav	*I'm afraid Bonzo isn't very* ***well behaved****.*	~~brave~~
dezent	*Please wear* ***discreet/subdued*** *clothing.*	~~decent~~
desinteressiert	*John's* ***uninterested*** *in school.*	~~disinterested~~
dick	*The doctor said I'm too* ***fat****.*	~~thick~~
eventuell	***Maybe*** *we'll call in at the weekend.*	~~eventually~~
komfortabel	*They live in a* ***luxurious*** *flat in Berlin.*	~~comfortable~~
miserabel	*This steak is absolutely* ***awful****.*	~~miserable~~
nächste	*The* ***nearest*** *post office is in Cherry Road.*	~~next~~
neueste	*Is this the* ***latest*** *version of Word?*	~~newest~~
sensibel	*Jim's very* ***sensitive*** *about his big feet.*	~~sensible~~
seriös	*We only do business with* ***reputable*** *firms.*	~~serious~~
sympathisch	*Mrs Todd is a* ***likeable*** *woman.*	~~sympathetic~~

Wörter, die leicht verwechselt werden

Confusables (Words that are easily mixed up or confused)

Beachten Sie auch die folgenden Wortpaare, die häufig verwechselt werden. Lesen Sie zuerst die Anwendungssätze. Danach sehen Sie sich rechts die deutschen Entsprechungen zur Kontrolle an.

VERBEN

abuse	*Some sex tourists* ***abuse*** *small children.*	*missbrauchen*
misuse	*If you* ***misuse*** *the machine, it'll break down.*	*falsch bedienen*
affect	*Bad weather* ***affects*** *people's mood.*	*beeinflussen*
effect	*Fred* ***effected*** *his escape by stealing a car.*	*bewirken*
arbitrate	*We asked a court to* ***arbitrate*** *in the dispute.*	*schlichten*
mediate	*Senator Mitchell* ***is mediating*** *in Northern Ireland.*	*vermitteln*
avoid	*It is perfectly legal to* ***avoid*** *paying too much tax.*	*vermeiden*
evade	*In most countries it is a crime to* ***evade*** *tax.*	*ausweichen*

become	*Alison is hoping to* ***become*** *a journalist.*	*werden*
get	*In Britain you can* ***get*** *stamps at supermarkets.*	*bekommen*
borrow	*Some people* ***borrow*** *money to go on holiday.*	*sich etwas leihen*
lend	*It is unwise to* ***lend*** *money to friends.*	*jmdm. etwas leihen*
imply	*Are you* ***implying*** *that Tom wasn't really ill?*	*unterstellen*
infer	*From what he said, we* ***inferred*** *he liked the idea.*	*erschließen*
lay	*The ambulance men* ***laid*** *the boy on a stretcher.*	*legen*
lie	*You shouldn't just* ***lie*** *around all day.*	*liegen*
prescribe	*The law* ***prescribes*** *when shops may open.*	*vorschreiben*
proscribe	*The EU* ***proscribed*** *the import of American beef.*	*verbieten*
repel	*The idea of eating dogs* ***repels*** *most Westerners.*	*abstoßen*
repulse	*The police* ***repulsed*** *the attack with rubber bullets.*	*abwehren*

NOMEN

play	*Shakespeare's* ***plays*** *make great films.*	*Theaterstück*
game	*Football is the world's most popular* ***game****.*	*Spiel*
receipt	*Did you get a* ***receipt*** *when you paid?*	*Quittung*
recipe	*Have you got a* ***recipe*** *for cheese sauce?*	*Rezept*
variety	*The USA is a country of great* ***variety****.*	*Vielseitigkeit (Dinge)*
versatility	*Bernstein was a musician of great* ***versatility****.*	*Vielseitigkeit (Personen)*

ADJEKTIVE

continual	*These* ***continual*** *delays are costing a lot.*	*ständig*
continuous	*It was great. We had* ***continuous*** *sunshine.*	*unaufhörlich*
economic	*Russia's* ***economic*** *problems are getting worse.*	*Wirtschafts-...*
economical	*Small cars are more* ***economical*** *than big ones.*	*sparsam*

finished	*The essay is **finished**.*	*fertig = „erledigt“*
ready	*Mary's never **ready** when I call for her.*	*fertig = „startbereit“*
happy	*We're very **happy** with our new car.*	*glücklich*
lucky	*You're **lucky** to get a job at all these days.*	*Glück haben*
industrial	*Dortmund is no longer an **industrial** city.*	*Industrie-...*
industrious	*I'm afraid Tim isn't very **industrious** at school.*	*fleißig*
practical	*You learn best by doing **practical** activities.*	*praktisch*
practicable	*It's a nice idea, but is it **practicable**?*	*umsetzbar*
social	*Most big towns have serious **social** problems.*	*Sozial-...*
sociable	***Sociable** people love parties.*	*gesellig*
tasty	*This chicken salad is great. It's very **tasty**.*	*lecker*
tasteful	*There was a **tasteful** flower arrangement on the table.*	*geschmack-voll*

DIVERSE WORTPAARE

advice	*I was a fool not to follow your **advice**.*	*Rat(schlag)*
advise	*My lawyer **advised** me to go to court.*	*beraten*
licence	*Sixteen is too young to have a driving **licence**.*	*Schein*
license	*Must you be **licensed** to fish in this river?*	*zulassen*
practice	*Everybody knows that "**practice** makes perfect".*	*Übung*
practise	*You must **practise** the guitar every day.*	*üben*
loose	*The accident was caused by one **loose** screw.*	*locker*
lose	*We will **lose** the match if we don't train more.*	*verlieren*
principal	*Cuba's **principal** exports are sugar and cigars.*	*Haupt-...*
principle	*I agree with your idea in **principle**.*	*Prinzip*
stationary	*The other car was **stationary** when I ran into it.*	*stehend*
stationery	*Paper, envelopes etc. are called "**stationery**".*	*Schreib-waren*

Präpositionalverben und Verben mit Adverb

Prepositional and phrasal verbs

Präpositionalverben

Eine Reihe von Präpositionen erscheinen in fester Verbindung mit Verben, um Präpositionalverben bzw. Verb + Präposition-Verbindungen zu bilden.

Diese Verbindungen werden oft falsch verwendet, da sie vom deutschen Gebrauch abweichen, z. B.:

- Wir haben über eine Stunde auf dich gewartet.
  *We **waited for** you for over an hour.* NICHT ~~*wait on*~~!
- Gehört dieses Buch dir?
  Does this book belong to you? NICHT ~~*belong you*~~!

NOTICE diese Liste der gängigsten Präpositionalverben.
Lesen Sie zuerst die Anwendungssätze und dann die deutschen Entsprechungen. Passen Sie bei den mit einem Sternchen (*) markierten Sätzen besonders auf. In den so gekennzeichneten Fällen weichen Deutsch und Englisch oft stark voneinander ab.

*Jack **arrived at** the office 30 minutes late.*	ankommen
*May I **ask for** your ticket, please?*	bitten um
*A minority of the young **believe in** a god.*	glauben an
*That house **belongs to** my uncle.**	gehören
*Paul is always **borrowing** money **from** me.*	ausleihen von
*The boy **confessed to** stealing the CDs.*	gestehen
*Most people **dream about** winning the lottery.*	träumen von
*Paul **insisted on** going to the party despite his headache.*	bestehen auf
*What do you **know about** the life of the poor?*	wissen über
*The pupils all **laughed at** the teacher's joke.**	lachen über
*You shouldn't **laugh about** other people's bad luck.**	lachen über
*This car isn't mine. My neighbour **lent it to me**.**	leihen
*How can you learn anything if you don't **listen to** the teacher?*	zuhören
***Look at** that notice: You can't park here.*	anschauen
*Did you **read about** Mary in the paper today?*	lesen über
*You shouldn't **shout at** small children.*	anschreien
*Will you **vote for** me in the election?**	wählen

*I'll **wait for** you in the cafe, okay?**	warten auf
*You can **wish for** three things if you find the end of the rainbow.**	sich etwas wünschen
*We've got to **write about** energy in the Third World.*	schreiben über
*I'll **write to** you when I get home.**	jmdm. schreiben

Verben mit Adverb

Partikelverben *(phrasal verbs)* bestehen entweder aus einem Verb + einem Adverb, also einer „Partikel", z. B.:

- *I'll **call in** tomorrow at three.* — vorbeischauen
- *Don't forget to **pick up** Jenny from school.* — abholen
- *Can I **stay up** to see the late-night movie?* — aufbleiben

oder aus einem Verb + einem Adverb („Partikel") + einer Präposition, z. B.:

- *What do you **get out of** it?* — etw. davon haben
- *I don't **get along/on with** the boss very well.* — auskommen
- *We're **looking forward to** your party.* — sich freuen auf

NOTICE Es ist selten möglich, die Bedeutung eines Partikelverbs von den einzelnen Wörtern her zu erschließen. Dies ist besonders deswegen so, da viele Partikelverben auch als Präpositionalverbindungen vorkommen.

Vergleichen Sie diese Satzpaare:

Präposition	*I **looked up** and saw her at the window.*	aufschauen
Partikel	*I **looked up** the word in a dictionary.*	nachschlagen
Präposition	*Can you **pick up** that rubbish, please?*	aufheben
Partikel	*I'll **pick up** Jane at the airport.*	abholen
Präposition	*She **looked into** the room, but it was empty.*	hineinschauen
Partikel	*The police **are looking into** the robbery.*	untersuchen

NOTICE Wie bei allen anderen Kollokationen bzw. Wortkombinationen ist es unbedingt notwendig, auch Partikelverben in vollständigen Einheiten zu lernen.

Hier ist eine Liste von Partikelverben, deren falsche Verwendung immer wieder Ausdrucksfehler verursacht:

We had to ***break off*** *the game because of rain.*	abbrechen
It's hard to ***bring up*** *children on your own.*	aufziehen
Three prisoners ***broke out*** *last night.*	ausbrechen
Jenny ***broke out*** *in a rash after eating fish.*	Ausschlag bekommen
We had to ***call off*** *the party because of illness.*	absagen
We'll discuss it again when you've ***calmed down****.*	sich beruhigen
The doctor will ***carry out*** *the operation tomorrow.*	durchführen
You can ***clear up*** *problems by talking about them.*	lösen
They'll restart the match if the weather ***clears up****.*	sich aufhellen
The Greens ***do up*** *their house every year or so.*	renovieren
We took the wrong train and ***ended up*** *in Dublin.*	landen
You must ***fill in*** *this form to get a driving licence.*	ausfüllen
Can you ***fill*** *us* ***in on*** *what's happened so far?*	jmdn. ins Bild setzen
Sally is ***filling in*** *for Jane tomorrow.*	für jmdn. einspringen
Jack is always ***falling out*** *with his colleagues.*	sich zerstreiten
You can ***find out*** *Mary's address from her mother.*	herausfinden
Separate if you can't ***get on/along*** *with each other.*	sich vertragen
How are you ***getting on*** *with the letters?*	vorankommen
Our neighbour ***gets up*** *at five every morning.*	aufstehen
He's so stubborn. He never ***gives in****.*	nachgeben
A lot of men have ***given up*** *smoking.*	aufgeben
Tom is British but he ***grew up*** *in France.*	aufwachsen
Please don't ***keep on*** *complaining all the time.*	weitermachen
Not so fast. I can't ***keep up*** *with you.*	Schritt halten
The firm is ***laying off*** *15 more workers.*	entlassen
This is a very important match, please don't ***let*** *the team* ***down****.*	im Stich lassen
Somebody ***let down*** *my tyres last night.*	Luft herauslassen
Can you ***look after*** *the baby tomorrow?*	auf jmdn. aufpassen
Snobs ***look down*** *on ordinary people.*	auf jmdn. herabsehen
Look out*! A car's coming.*	aufpassen
Children need role models to ***look up to.***	zu jmdm. aufsehen

*The driver couldn't **make out** what the sign meant.*	entziffern
*I can't **make** you **out**, Ben. You're never satisfied.*	verstehen
*That's not true. Who **made up** that silly story?*	ausdenken
*Have you **put away** your clothes and made your bed?*	wegräumen
*The government has **put up** taxes again.*	erhöhen
*We can **put up** three people for you.*	unterbringen
*She can't be expected to **put up with** such rudeness.*	sich abfinden mit
*Would you like to **see round** our new house?*	besichtigen
*Sit down and stop **showing off** all the time.*	angeben
*When Ben **showed up**, the party was already over.*	aufkreuzen
*Some parents are **shown up** by their awful children.*	blamieren
***Speak up**! Nobody can hear you.*	lauter sprechen
*When the boss came in, everybody **stood up**.*	aufstehen
*The speaker **started off** by telling some jokes.*	beginnen
*Our plane **takes off** at 10.30 a.m.*	starten
*You're mad to **take off** the boss's wife like that.*	nachmachen
*Always **try on** clothes before buying.*	anprobieren
*You're **trying** me **on**. You can't mean that.*	provozieren
*The holiday **turned out** better than expected.*	sich herausstellen
*The bus **turned up** 30 minutes late.*	aufkreuzen
*Don't **wait up** for me. I'll be quite late home.*	aufbleiben
*Can you **work out** the price for me?*	ausrechnen
*I can't **work** him **out**. He can't be that stupid.*	verstehen
*Sally **works out** in a gym every evening.*	trainieren

7.4 Wie man ein Wörterbuch benutzt

Using a dictionary

Einsprachige Wörterbücher

Monolingual dictionaries

Benutzen Sie ein Wörterbuch erst, wenn Sie alle anderen Möglichkeiten, die Bedeutung von Wörtern herauszufinden, ausgeschöpft haben.

NOTICE Vergessen Sie nicht, die Worterklärungen am Ende des Textes *(annotations, notes)* auf Hinweise zu untersuchen – es könnte sein, dass Sie Glück haben.

Ein Wörterbuch ist ein Werkzeug, das Ihnen hilft, leichter, schneller und zuverlässiger zu arbeiten. Wie bei allen Werkzeugen, müssen Sie lernen, wie man mit einem Wörterbuch richtig und ohne unnötigen Zeitverlust umgeht. Daher ist es ratsam, Ihr Wörterbuch im Vorfeld gut kennenzulernen.

Lesen Sie sich in einer ruhigen Minute die Hinweise zur Benutzung Ihres Wörterbuchs durch (↗ S. 88). Nehmen Sie sich diese Zeit, es lohnt sich!

Wenn Sie diese Hinweise erst durchlesen, wenn Sie dringend etwas ganz Bestimmtes suchen, ist es zu spät.

Wie Wörterbücher Ihnen helfen können

How dictionaries can help you

Neben der Bedeutung des Stichwortes *(headword)* in verschiedenen Kontexten geben alle in deutschen Schulen zugelassenen einsprachigen Wörterbücher folgende Informationen an:

■ **Rechtschreibung** und **Worttrennung**	*spelling and hyphenation rules*
■ **Wortart** (Adjektiv, Verb, Präposition usw.)	*parts of speech*
■ **Aussprache** und **Tonfall**	*pronunciation and stress*
■ **Formen** (Plural, Steigerung usw.)	*forms (plural, comparative forms etc.)*
■ **Stil** (Umgangssprache, formell, salopp usw.)	*style (colloquial, formal, informal, slang etc.)*
■ **britisches** und **amerikanisches** Englisch	*British and American English*

Wie Wörterbücher Ihnen helfen können, Fehler zu vermeiden

How dictionaries can help you to avoid mistakes

Wörterbücher geben Ihnen wertvolle grammatische Informationen, die z. B. die Frage beantworten, ob ein bestimmtes Verb unregelmäßig ist. Beachten Sie solche Angaben unbedingt, da sie eine nützliche Hilfe zur Fehlervermeidung darstellen.

KEY TO DICTIONARY ENTRIES

headword, with end-of-line hyphenation point, and pronunciation *(see inside back cover)*

meanings separated by numbers or, when closely related, by letters

fend·er / 'fende(r)/ *n* **1** a low metal frame placed around a fireplace to prevent burning coal from falling out. **2** a soft solid object such as a mass of rope or a rubber tyre, hung over the side of a boat to prevent damage when it comes next to another boat or to land. **3** *(US)* (**a**) a MUDGARD over the wheel of a bicycle. (**b**) = WING 4.

headwords with same spelling separated by different numbers

fer·ment[1] / fe'ment/ *v* to change or make sth change by means of a chemical reaction involving esp yeast or bacteria: [V] *Fruit juices ferment if they are kept a long time.* (fig) *His anger fermented inside him.* [Vn] *Yeast is used in fermenting sugar to produce alcohol.*
▶ **fermen·ta·tion** / ,F3: men'teifn/ *n* [U]: *Sugar is converted into alcohol through (the process of) fermentation.*

fer·ment[2] /'F3:ment/ *n* [U] political or social excitement or uncertainty: *The country was in (a state of) ferment.*

synonym of headword

Fer·ris wheel /'feris wi:l/ (also **big wheel**) *n* (at a FAIR[3](1), etc.) a large upright revolving wheel with seats hanging from its edge for people ro ride in.

American pronunciation *(see inside back cover)*

word not in defining vocabulary *(see Appendix 10)*

fer·rule /'feru:l; US 'ferel/ *n* a metal ring or cap placed on the end of a stick, an UMBRELLA, etc. to stop it becoming damaged.

part of speech *(see inside front cover for abbreviations)*

ferry /'feri/ *n* (a) a boat that carries people and goods across a stretch of water: *catch/take the ferry* ° *the cross-channel ferry service.* (b) the place where such a service operates: *We waited at the ferry for two hours.*
▶ **ferry** *v* (*pt, pp* fer·ried) to transport people or goods by boat, aircraft, etc. for a short distance, sometimes regularly over a period of time. [Vnp] *Can you ferry us across?* [Vnpr] *ferry goods to the mainland* ° *ferry the children to and from school* [Vn, Vnpr] *planes ferrying food (to the refugees).*

verb codes before examples that illustrate them (see *Study pages* B4-8)

fer·til·ize, -ise /'f3:telaiz/ *v* [Vn] **1** to introduce POLLEN into a plant so that it develops seed, or SPERM into an egg or a female animal so that a young animal, etc. develops inside: *a fertilized egg/cell* ° *Flowers are often fertilized by bees as they gather nectar.* **2** to make soil, etc. more FERTILE(1) by adding a substance such as MANURE to it: *fertilize the garden*.
▶ **fer·til·iza·tion, -isation** /,fa:telar'zerfn; US -le'z-/ *n* [U]: *successful fertilization by the male.*

derivatives section with special symbol ▶

fer·til·izer, -iser n [C, U] a natural or artificial substance added to soil to make it more FERTILE(1): *chemical fertilizers* ° *a bag of fertilizer* ° *Get some more fertilizer for the garden.* Compare MANURE.

cross-reference to contrasted word

American English spelling of headword

fer·vour (*US* fer·vor) /'f3:ve(r)/ *n* [U] strength or intensity of feeling; enthusiasm: speek with great fervour ° *religious/nationalistic/revolutionary fervour*

Wie man ein Wörterbuch ohne unnötigen Zeitverlust benutzt

How to use a dictionary without unnecessary loss of time

Einige der folgenden Tipps klingen sicher selbstverständlich, aber wir sollten ehrlich sein – wir haben sie alle irgendwann einmal ignoriert.

LERNTIPP 1 Benutzen Sie das Wörterbuch nie als Rettungsring in jeder Not. Überlegen Sie, ob Sie seine Hilfe überhaupt brauchen.

LERNTIPP 2 Als vorbereitende Maßnahme lesen Sie das **Abkürzungsverzeichnis** *(list of abbreviations)* und die Angaben der Redaktion zur Anlage und Benutzung des Wörterbuches gründlich durch.

LERNTIPP 3 Notieren Sie alle Wörter, die Sie nachschlagen wollen, bevor Sie zum Wörterbuch greifen. Schlagen Sie dann die Wörter in alphabetischer Reihenfolge oder in umgekehrter Ordnung nach.

LERNTIPP 4 Alle einsprachigen Wörterbücher benutzen ein **Grundvokabelverzeichnis** *(defining vocabulary list)* für Definitionen und Beispielsätze. Im *Oxford Advanced Learner's Dictionary* umfasst das Grundvokabelverzeichnis z. B. 3 500 Wörter. Bei solch einer Zahl ist es nicht zu verhindern, dass gelegentlich sogar in Beispielsätzen und Definitionen unbekannte Wörter und Ausdrücke vorkommen.

Wenn dies passiert, geben Sie nicht einfach auf. Nutzen Sie zunächst die alternativen Möglichkeiten der Worterkennung, bevor Sie in dem Wörterbuch weiterblättern. Dies kann nämlich u. U. eine äußerst frustrierende „Kettenreaktion" in Gang bringen, die viel Zeit kostet.

LERNTIPP 5 Notieren Sie die **Wortart** *(word class)* – z. B. Nomen, Adjektiv, Verb –, zu der das Stichwort gehört, und ignorieren Sie alle anderen Angaben. Diese Vorgehensweise spart viel Zeit.

LERNTIPP 6 Wenn Sie die Bedeutung, die Sie suchen, gefunden haben, dann notieren Sie diese sofort. Es könnte sonst passieren, dass Sie das gleiche Wort nochmals nachschlagen müssen.

Zweisprachige Wörterbücher

Bilingual dictionaries

In vielen Schulen werden einsprachige Wörterbücher nur während Klausuren oder Übungsstunden verteilt. Zu Hause und im Zusammenhang mit Projekten oder bei der Vorbereitung von Referaten benutzen viele Schülerinnen und Schüler ein zweisprachiges Wörterbuch, wie z. B. *Das Oxford Schulwörterbuch*. Zweisprachige Schulwörterbücher, die speziell zum Gebrauch an deutschen Schulen entwickelt wurden, bieten eine Fülle von nützlichen Informationen und Tipps für deutschsprachige Lernende an. Insofern sind sie sicherlich benutzerfreundlicher als große, einsprachige Wörterbücher, die auf den internationalen Markt abgestimmt sind.

Gerade diese Benutzerfreundlichkeit kann aber zu einer gewissen Leichtfertigkeit im Umgang mit zweisprachigen Wörterbüchern führen. Hier sind ein paar Tipps zum Umgang mit zweisprachigen Wörterbüchern:

LERNTIPP 1 Benutzen Sie nur ein „Schulwörterbuch" *(dictionary for school use)*, nie ein zweisprachiges Wörterbuch für den allgemeinen Gebrauch, wie es z. B. von Touristen benutzt wird.

LERNTIPP 2 Die verschiedenen Bedeutungen eines Stichwortes werden in der Reihenfolge ihrer Häufigkeit im Sprachgebrauch angegeben. Machen Sie sich daher unbedingt die Mühe, alle möglichen Übersetzungen durchzulesen, um die genau richtige auszuwählen. Sie dürfen auf keinen Fall davon ausgehen, dass die erste Bedeutung auch die für Ihren Zusammenhang passende ist.

LERNTIPP 3 Ganz wichtig: Wenn Sie den Deutsch-Englisch-Teil benutzen, schlagen Sie das englische Wort ggf. auch in einem einsprachigen Wörterbuch nach, um wirklich sicherzugehen, dass Sie tatsächlich ein passendes Wort gefunden haben, und auch um weitere Informationen und Anwendungsbeispiele zu finden.

8 Amerikanische und britische Literatur

8.1 Epochen der englischen Literatur

Epochs of English literature

Die folgende Epocheneinteilung ist nicht die einzig mögliche und nicht als verbindlich zu lesen. Einige Autoren können mehreren Epochen zugeordnet werden.

Zeitverlauf	Lit. Epoche	Autoren bzw. Texte
449 bis 1066	Old English	Bede, *Beowulf*, *Exeter Book* (Autoren unbekannt)
1066 bis 1485	Middle English	Geoffrey Chaucer, John Gower, William Langland, Thomas Malory
1485 bis 1660	Renaissance	John Donne, Christopher Marlowe, Andrew Marvell, William Shakespeare
1660 bis 1798	Restoration	John Bunyan, Daniel Defoe, Samuel Johnson, Alexander Pope, Jonathan Swift
1798 bis 1832	Romanticism	Jane Austen, William Blake, Robert Burns, Lord Byron, Samuel Taylor Coleridge, John Keats, Mary Shelley, Percy Shelley, William Wordsworth
1832 bis 1900	Victorian	Charlotte Brontë, Robert Browning, Charles Dickens, George Eliot, Thomas Hardy, Rudyard Kipling, Robert Louis Stevenson, Alfred Tennyson, Oscar Wilde
1900 bis 1980	Modern	Joseph Conrad, T. S. Eliot, Nadine Gordimer, Graham Greene, Aldous Huxley, James Joyce, D. H. Lawrence, Somerset Maugham, George Orwell, G. B. Shaw, Dylan Thomas, Evelyn Waugh, H. G. Wells, William Butler Yeats
1980 bis heute	Contemporary	Seamus Heaney, Kazuo Ishiguro, Hanif Kureishi, John Le Carré, Doris Lessing, Salman Rushdie, Muriel Spark, Tom Stoppard, Arnold Wesker

Shakespeares Leben und Werk

Shakespeare's life and plays

William Shakespeare

Da es relativ wenige harte Fakten über Shakespeares Leben gibt, müssen die Lücken mit Vermutungen gefüllt werden. Sehen Sie sich die Tabelle an, um mehr über William Shakespeare zu erfahren.

Die Fakten	Die Vermutungen
	Geboren in Stratford-upon-Avon am 23. April 1564.
Getauft in Stratford am 26. April 1564.	
Williams Eltern waren der Kaufmann John Shakespeare und seine Frau Mary Arden.	
John Shakespeares Geschäfte gingen gut; in materieller Hinsicht hatte William Shakespeare sicherlich eine angenehme Kindheit.	
	Da seine Stücke auf eine gute Erziehung schließen lassen, besuchte er mit großer Wahrscheinlichkeit die Lateinschule *(grammar school)* in Stratford.
Wir wissen, dass Shakespeare keine Universität besuchte. (Daher meinen einige, dass er die Stücke nicht selbst geschrieben hat, sondern sie nur inszenierte.)	

Shakespeare heiratete Anne Hathaway in Stratford am 28. September 1582, als er 18 und Anne 26 war. Da ihre erste Tochter, Susanna, am 26. Mai 1583 geboren wurde, muss Anne zur Zeit ihrer Trauung schwanger gewesen sein. Später bekam das Paar Zwillinge, Hamnet und Judith, geboren am 2. Februar 1585. Hamnet starb mit 11 Jahren am 11. August 1596.	
Während der nächsten sieben Jahre hören wir nichts über William Shakespeare oder seine Familie. Daher wird diese Zeit *the Lost Years* (die „verlorenen Jahre") genannt.	
	Es gibt viele Spekulationen über die „verlorenen Jahre". Einige behaupten, dass Shakespeare als Lehrer in Nordwestengland arbeitete. Andere sagen, dass er beim Wildern erwischt wurde und Stratford verlassen musste, um einer Festnahme zu entgehen.
	Man vermutet, dass Shakespeare 1588 nach London umzog. Sofort begann er als Schauspieler und Bühnenautor zu arbeiten.
1594 arbeitete und schrieb Shakespeare für Londons beliebteste Theatertruppe, *The Lord Chamberlain's Men*. Mit der Zeit wurde er zum Teilinhaber der Theatertruppe und des *Globe Theatre*, wo sie spielte. Daher war er ebenso sehr Unternehmer wie Künstler.	
Wegen seines wirtschaftlichen Erfolgs war Shakespeare 1611 in der Lage, ein Haus in Stratford zu kaufen und sich dort zur Ruhe zu setzen. Im gleichen Jahr schrieb er sein Testament.	
	Es wird vermutet, dass William Shakespeare am 23. April 1616 im Alter von 52 Jahren starb.
Shakespeare wurde am 25. April 1616 in der Kirche der Holy Trinity in Stratford begraben.	
1623 veröffentlichten John Heminges und Henry Condell, zwei frühere Kollegen Shakespeares, die erste Ausgabe seiner gesammelten Werke *(first folio edition)*.	

Shakespeare schrieb insgesamt 37 Theaterstücke und auch viele Gedichte; am bedeutendsten sind die 154 Sonette.
Wir dürfen nicht vergessen, dass Shakespeare nicht nur Bühnenautor war, sondern auch Schauspieler und später Produzent sowie Besitzer eines Theaters. Angesichts dieser Arbeitsbelastung überrascht es nicht, dass nicht alle seine Stücke die gleiche hohe Qualität haben. Einige, wie z. B. *Titus Andronicus*, *Coriolanus* und *Two Gentlemen of Verona*, werden heute kaum noch aufgeführt. Andere sind jedoch immer noch große Publikumserfolge, besonders als Film.
Im Folgenden finden Sie eine Liste von Shakespeares beliebtesten Stücken, unterteilt in die drei Gruppen Komödien, Historiendramen und Tragödien. Beachten Sie bitte, dass die Stücke oft nicht datiert sind und die hier genannten Erscheinungsdaten auf Vermutungen basieren.
Komödien *(Comedies)*: *As You Like It* (1599 oder Anfang 1600), *Measure for Measure* (1603 oder 1604), *The Merchant of Venice* (zwischen 1596 und 1598), *A Midsummer Night's Dream* (zwischen 1594 und 1596), *Much Ado About Nothing* (Winter 1598/99), *The Taming of the Shrew* (zwischen 1590 und 1594), *Twelfth Night* (1601).
Historiendramen *(Histories)*: *Henry V* (1599), *Richard II* (1595), *Richard III* (1593).
Tragödien *(Tragedies)*: *Antony and Cleopatra* (1606 oder 1607), *Hamlet* (1602), *Julius Caesar* (1599), *King Lear* (1605), *Macbeth* (1606), *Othello* (1603), *Romeo and Juliet* (zwischen 1591 und 1595).

Bedeutung von Shakespeares Werken
Die überragende Bedeutung von Shakespeares Werken liegt zweifelsohne in ihrer Universalität *(universality)*. Damit ist gemeint, dass die Werke uns tiefe Einblicke in die menschliche Natur ermöglichen und Charakterzüge behandeln, die völlig zeitlos sind. Wie Shakespeares nicht immer unkritischer Freund Ben Jonson sagte: „*He was not of an age, but for all time*“ (er gehörte nicht einem Zeitalter an, sondern allen Zeiten).
Die Komödien, wie z. B. *Much Ado About Nothing* und *A Midsummer Night's Dream*, haben nicht nur dichterische Qualitäten, sondern auch einen sehr hohen Unterhaltungswert.
Die Historiendramen, z. B. *Henry V*, sind stellenweise von Patriotismus geprägt. Diese „patriotischen Ausbrüche“ *(patriotic outbursts)* fanden in Zeiten des Krieges gegen Spanien bei der Königin großen Gefallen.
Die Tragödien orientieren sich an einem altgriechischen Vorbild. Sie stellen dar, wie die Hauptfigur aufgrund einer Charakterschwäche zugrunde geht. In *Hamlet* ist diese Schwäche die Unfähigkeit, sich zu entscheiden, in *Macbeth* ungezügelter Ehrgeiz und Unterwürfigkeit gegenüber einer bösartig manipulierenden Frau, in *Othello* unberechtigte Eifersucht.

8.2 Epochen der amerikanischen Literatur

Epochs of the American literature

Die Epochen der amerikanischen Literatur überschneiden sich stark und sind schwer zu bestimmen. Die Karriere vieler Schriftsteller beginnt in einer Epoche und endet in der nächsten oder übernächsten.
Ein weiteres Problem besteht darin, dass sich die amerikanische Literatur während der Kolonialzeit *(colonial era, 1584–1776)* und mehrere Jahre danach *(post-independence years, 1776–1812)* von dem breiten Hauptstrom der englischen Literatur kaum unterscheidet.
Erst nach dem Britisch-Amerikanischen Krieg von 1812–1815, als Großbritannien erfolglos versuchte, in den USA neu Fuß zu fassen, entwickelten amerikanische Schriftsteller eine charakteristisch „amerikanische Stimme".
Die Phase der Begründung einer eigenständigen amerikanischen Literatur war mit der Veröffentlichung von Noah Websters *American Dictionary of the English Language* im Jahr 1828 endgültig abgeschlossen.

Zeitverlauf	Lit. Epoche	Autoren
1812 bis frühe 1830er-Jahre	Birth and separation	James Fenimore Cooper, Washington Irving, Edgar Allan Poe
frühe 1830er- bis frühe 1890er-Jahre	Realism	Emily Dickinson, Ralph Waldo Emerson, Nathaniel Hawthorne, Henry James, Herman Melville, Mark Twain, Walt Whitman
frühe 1890er- bis späte 1920er-Jahre	Turn of the century	Stephen Crane, F. Scott Fitzgerald, Ernest Hemingway, Sinclair Lewis, Ezra Pound, Upton Sinclair, Gertrude Stein, Edith Wharton
späte 1920er-Jahre bis 1945	Depression era	William Faulkner, Robert Frost, Henry Miller, John Steinbeck, Nathanael West
1945 bis frühe 1970er-Jahre	Post-World War II	Saul Bellow, Truman Capote, E. E. Cummings, Allen Ginsberg, Lorraine Hansberry, Jack Kerouac, Arthur Miller, Vladimir Nabokov, J. D. Salinger, Carl Sandburg, John Updike, Tennessee Williams
frühe 1970er-Jahre bis heute	Postmodernism	Paul Auster, T. C. Boyle, Ray Bradbury, Don DeLillo, Toni Morrison, Joyce Carol Oates, Thomas Pynchon, Anne Tyler

8.3 Amerikanische und britische Schriftsteller des 20. Jahrhunderts

American and British writers of the 20th century

Prosa

Prose

Joseph Conrad, in Polen geborener britischer Romanautor und Autor von Kurzgeschichten, geb. in Berdyczów bei Kiew, heute Ukraine, am 03.12.1857, gest. in Bishopsbourne, Kent, England, am 03.08.1924. **Werke**: 13 Romane sowie zahlreiche Kurzgeschichten und Novellen. Wichtigste Werke: *Lord Jim* (1900), *Nostromo* (1904), *Victory* (1915) und *Heart of Darkness* (1902). **Themen**: Äußerst realistische Darstellungen von inneren Konflikten, verursacht durch dramatische Ereignisse wie Krieg, Unruhen und Naturkatastrophen. Viele seiner Figuren fahren zur See.

Vokabular	*Vocabulary*
Darstellung	*representation*
innerer Konflikt	*interior conflict*
Ereignis	*event*
Unruhe	*unrest*
zur See	*at sea*

Somerset Maugham, englischer Romanautor, Dramatiker und Autor von Kurzgeschichten, geb. in Paris am 25.01.1874, gest. in Nizza, Frankreich, am 16.12.1965. **Werke**: Als die wichtigsten Werke gelten heute *Of Human Bondage* (1915), *The Moon and Sixpence* (1919), *Cakes and Ale* (1930) und *The Razor's Edge* (1944). **Themen**: Kommentare zur menschlichen Natur, oft in bedrohlichen oder exotischen Umgebungen. Viele Werke haben eine spannende Handlung und einen verständlichen Stil, die ihm großen kommerziellen Erfolg einbrachten.

Vokabular	*Vocabulary*
bedrohlich	*threatening*
Umgebung	*surroundings*
spannende Handlung	*exciting storyline*
verständlicher Stil	*clear style*

Aldous Huxley, englischer Romanautor, geb. in Godalming, England, am 26.07.1894, gest. in Los Angeles, Kalifornien, am 22.11.1963. **Werke**: Huxleys bekanntester Roman ist *Brave New World* (1932), eine im 25. Jahrhundert angesiedelte entmenschlichte, antiutopische Vision. **Themen**: Huxleys Romane drücken seine Abscheu gegenüber der modernen westlichen Welt aus.

Vokabular	***Vocabulary***
entmenschlichte, antiutopische Vision	*dehumanised dystopian vision*
Abscheu gegenüber	*detestation of*

William Faulkner, amerikanischer Romanautor, geb. in New Albany, Mississippi, am 25.09.1897, gest. in Byhalia, Mississippi, am 06.07.1962 im Alter von 65 Jahren. Faulkner verließ die Schule ohne Abschluss. Er verbrachte fast sein ganzes Leben in Oxford, Mississippi. **Werke**: Zu Faulkners bekanntesten Romanen gehören *The Sound and the Fury* (1929), *Light in August* (1932) und *Absalom! Absalom!* (1936). Schließlich machte ihn *The Portable Faulkner* (1946) bei Lesern in der ganzen Welt bekannt. 1949 erhielt er den Nobelpreis für Literatur. **Themen**: Alle seine wichtigen Romane befassen sich mit dem wirtschaftlichen, sozialen und moralischen Verfall der Südstaaten.

Vokabular	***Vocabulary***
sich befassen mit	*to deal with*
wirtschaftlich	*economic*
Verfall	*decay*

George Orwell, englischer Romanautor, geb. in Motihari, Indien, am 25.06.1903, gest. in London, am 21.01.1950. **Werke**: Orwells bekannteste Werke sind die antisowjetische Fabel *Animal Farm* (1945) und *Nineteen Eighty-Four* (1949), eine negative Utopie eines totalitären Systems. **Themen**: Meist geht es um Individuen, die in Konflikt mit repressiven politischen und sozialen Mächten geraten sind.

Vokabular	***Vocabulary***
antisowjetische Fabel	*anti-Soviet fable*
negative Utopie	*dystopian vision*
totalitär	*totalitarian*
repressiv	*oppressive*

Muriel Spark, schottische Romanautorin, geb. in Edinburgh, Schottland, am 01.02.1918, gest. in Florenz, Italien, am 13.04.2006. **Werke**: Zu Sparks wichtigsten Romanen zählen *The Prime of Miss Jean Brodie* (1961), *The Mandelbaum Gate* (1965), *A Far Cry from Kensington* (1988) und *Reality and Dreams* (1997). **Themen**: Mit kalter Distanziertheit analysiert Spark die Überheblichkeit und Scheinheiligkeit der modernen Gesellschaft.

Vokabular	*Vocabulary*
Distanziertheit	*detachment*
Überheblichkeit	hier: *pretension*
Scheinheiligkeit	*hypocrisy*

Doris Lessing, englische Romanautorin, geb. in Kermanschah, heute Iran, am 22.10.1919. **Werke**: Am bekanntesten sind *Children of Violence* (1952–1969) über Lessings Leben in Afrika, *The Golden Notebook* (1962), ein Klassiker der feministischen Literatur, und die Autobiografien *Under My Skin* (1994) und *Walking in the Shade* (1997). 2007 erhielt sie den Nobelpreis für Literatur. **Themen**: Viele Romane Lessings sind von ihren linksgerichteten und feministischen Überzeugungen beeinflusst. Es geht meist um Frauen, die in sozialen und politischen Turbulenzen gefangen sind.

Vokabular	*Vocabulary*
feministisch	*feminist*
linksgerichtet	*left-wing*
Überzeugung	*conviction*
gefangen	*to be caught up in*

Ray Bradbury, amerikanischer Romanautor und Autor von Kurzgeschichten, geb. in Waukegan, Illinois, am 22.08.1920. **Werke**: *The Martian Chronicles* (1950) wird als ein Science-Fiction-Meisterwerk angesehen. Weitere Sammlungen von Kurzgeschichten sind *The Illustrated Man* (1951), *The October Country* (1955), *I Sing the Body Electric!* (1969) und *Quicker Than the Eye* (1996). Zu seinen wichtigsten Romanen gehören *Fahrenheit 451* (1953), *Dandelion Wine* (1957) sowie seine Fortsetzung *Farewell Summer* (2006). **Themen**: Gesellschaftskritik mit einem tiefen Bewusstsein für die Gefahr durch unkontrollierbare Technologien.

Vokabular	*Vocabulary*
Gesellschaftskritik	*social criticism*
tiefes Bewusstsein	*profound awareness*
unkontrollierbare Technologie	*unrestrained technology*

Don DeLillo, amerikanischer Romanautor, geb. in New York am 20.11.1936, arbeitete zunächst in der Werbebranche. **Werke**: DeLillos erster wichtiger Roman, *Ratner's Star* (1976), wurde wegen seines „kritischen Humors" gelobt. Bald jedoch veränderte sich DeLillos Weltanschauung und wurde düsterer, z. B. in *Players* (1977) und *White Noise* (1985). Diese pessimistische Tendenz ist noch auffälliger in *Underworld* (1997), einer Darstellung der amerikanischen Gesellschaft nach 1950, sowie in *Falling Man* (2007), einer Untersuchung der Angriffe vom 11. September 2001. **Themen**: DeLillo beschreibt das Elend einer durch Materialismus geprägten Gesellschaft, die durch eine platte Massenkultur ruhiggestellt wird.

Vokabular	*Vocabulary*
Elend	*misery*
prägen	*to shape*
ruhigstellen	*to stupefy*

Joyce Carol Oates, amerikanische Romanautorin und Autorin von Kurzgeschichten, geb. in Lockport, New York, am 16.06.1938. Seit 1978 lehrt Oates Literatur an der Universität Princeton. **Werke**: Zu ihren wichtigsten Romanen gehören *Do with Me What You Will* (1973), *Foxfire* (1993), *Beasts* (2002), *The Falls* (2004) and *My Sister, My Love: The Intimate Story of Skyler Rampike* (2008). **Themen**: In vielen ihrer Romane befasst sich Oates mit gewöhnlichen Menschen, deren Leben aufgrund von Zwängen, die sie nicht beeinflussen können, gewaltsam und durch Selbstzerstörung endet.

Vokabular	*Vocabulary*
Zwang	*force*
beeinflussen	*to influence*
Selbstzerstörung	*self-destruction*

Paul Auster, amerikanischer Romanautor, Essayist und Drehbuchautor, geb. in Newark, New Jersey, am 03.02.1947. **Werke**: Austers erster Roman *Squeeze Play* (1982) wurde gelobt, bekannt wurde der Autor jedoch erst mit seinen Kurzromanen *The New York Trilogy - City of Glass* (1985), *Ghosts* (1986) und *The Locked Room* (1986). Die Romane *Moon Palace* (1989), *The Music of Chance* (1991) und *Leviathan* (1992) zeigen Austers Stärken: einen scharfen Blick für die realen Verhältnisse unter zugleich häufigem Rückgriff auf Symbolik. Austers neueste Werke, u. a. *Oracle Night* (2003), *The Brooklyn Follies* (2005) und *Man in the Dark* (2008), brachten ihn an die Spitze der zeitgenössischen amerikanischen Literatur. **Themen**: Realistische, scharfsichtige, aber auch manchmal mystische Darstellung des modernen amerikanischen Stadtlebens.

Vokabular	*Vocabulary*
zeitgenössisch	*contemporary*
mystisch	*mystic*
Darstellung	*representation*
Stadtleben	*urban life*

Salman Rushdie, britisch-indischer Romanautor, geb. in Mumbai, Indien, am 19.06.1947. **Werke**: Rushdies bekanntester Roman ist *The Satanic Verses* (1988). Aufgrund dieses Romans wurde das islamische Todesurteil über ihn verhängt und Rushdie musste sich an wechselnden Wohnorten verstecken. Im Untergrund lebend, schrieb er *Haroun and the Sea of Stories* (1990) und *The Moor's Last Sigh* (1995). 1998 wurde die Fatwa aufgehoben.

Themen: Hauptsächlich befasst sich Rushdie auf skurrile Weise mit der Unsinnigkeit des Alltagslebens.

Vokabular	*Vocabulary*
Todesurteil	*death sentence*
im Untergrund lebend	*in hiding*
Unsinnigkeit	*senselessness*

T. C. Boyle, amerikanischer Romanautor und Autor von Kurzgeschichten, geb. in Peekskill, New York, am 02.12.1948. **Werke**: Boyle wurde erst in den 1970er-Jahren für seine Kurzgeschichten bekannt. Sie sind u. a. in den Sammlungen *The Descent of Man* (1979), *If the River Was Whiskey* (1990) und *T. C. Boyle Stories* (1998) enthalten. Romane von Boyle sind u. a. *Water Music* (1981), *World's End* (1987), *East Is East* (1990), *The Tortilla Curtain* (1995) und *The Inner Circle* (2004). **Themen**: In vielen seiner Texte behandelt Boyle - häufig auf skurrile oder gar groteske Weise - die Unberechenbarkeit der Natur und die Schäden, die Menschen oft unbewusst an sich selbst und an ihrer Umwelt anrichten.

Vokabular	***Vocabulary***
skurril	*quirky, ludicrous*
grotesk	*grotesque*
Unberechenbarkeit	*unpredictability*
unbewusst anrichten	*to cause unconsciously*

Hanif Kureishi, englischer Romanautor und Autor von Kurzgeschichten sowie Drehbüchern, geb. in Bromley, England, am 05.12.1954 als Sohn eines britisch-pakistanischen Vaters und einer britischen Mutter. **Werke**: Kureishis erste Erfolge waren das Drehbuch zu dem Film *My Beautiful Laundrette* (1985) und die Verfilmung seiner Kurzgeschichte *My Son the Fanatic* (1994). Seine Romane *The Buddha of Suburbia* (1990) und *The Black Album* (1995) befassen sich mit der muslimischen Gemeinde in England. **Themen**: Zwischenmenschliche Beziehungen und Sexualität in einer multikulturellen Umgebung.

Vokabular	***Vocabulary***
Drehbuch	*screenplay*
Verfilmung	*filming*
Gemeinde	*community*
Umgebung	*surroundings*

Drama
Drama

Tennessee Williams, amerikanischer Dramatiker, geb. in Columbus, Mississippi, am 26.03.1911, gest. in New York am 25.02.1983. **Werke**: Am bekanntesten sind *The Glass Menagerie* (1944), *A Streetcar Named Desire* (1947), *Cat on a Hot Tin Roof* (1955) und *Suddenly, Last Summer*

(1958). Er schrieb auch die Drehbücher zu den Filmen *The Rose Tattoo* (1955) und *Baby Doll* (1956). **Themen**: Eine scheinheilige Welt mit unterdrückter Sexualität und Gewalt unter einem dünnen Mantel von Vornehmheit.

Vokabular	*Vocabulary*
scheinheilig	*hypocritical*
unterdrückt	*repressed*
Mantel	hier: *layer*
Vornehmheit	*gentility*

Arthur Miller, amerikanischer Dramatiker, geb. in New York am 17.10.1915, gest. in Roxbury, Connecticut, am 10.02.2005. **Werke**: Millers zweites Stück, *Death of a Salesman* (1949), begründete seinen Ruhm. Weitere wichtige Werke sind *The Crucible* (1953), *A View from the Bridge* (1955) und *After the Fall* (1964). Er schrieb auch das Drehbuch zu dem Film *The Misfits* (1961), in dem seine Ehefrau Marilyn Monroe die Hauptrolle spielte. **Themen**: Sozialkritik vor dem Hintergrund von inneren Konflikten und Verzweiflung.

Vokabular	*Vocabulary*
Sozialkritik	*social criticism*
innerer Konflikt	*interior conflict*
Verzweiflung	*despair*

Lorraine Hansberry, amerikanische Dramatikerin, geb. in Chicago am 19.05.1930, gest. in New York am 12.01.1965. **Werke**: Hansberrys *A Raisin in the Sun* (1959) über eine afro-amerikanische Arbeiterfamilie in Chicago war das erste Stück einer schwarzen Frau, das am Broadway aufgeführt und hoch gelobt wurde. Ihr nächstes Stück, *The Sign in Sidney Brustein's Window* (1964), war weniger erfolgreich. Hansberrys vielversprechende Karriere wurde durch ihren frühen Krebstod beendet. **Themen**: Scharfe Sozialkritik an wirtschaftlicher, sozialer und politischer Ungerechtigkeit.

Vokabular	*Vocabulary*
Arbeiterfamilie	*working-class family*
gelobt	*praised*
Sozialkritik	*social criticism*
wirtschaftlich	*economic*
Ungerechtigkeit	*injustice*

Harold Pinter, englischer Dramatiker und Drehbuchautor, geb. in London am 10.10.1930, gest. in London am 24.12.2008. **Werke**: Pinter wurde bekannt mit den Stücken *The Birthday Party* (1957), *The Caretaker* (1959) und *The Homecoming* (1964). Spätere Stücke sind *No Man's Land* (1974) und *Betrayal* (1978). Er schrieb auch Drehbücher, z.B. zu *The French Lieutenant's Woman* (1981). 2005 erhielt er den Nobelpreis für Literatur. **Themen**: Menschen in Konfliktsituationen.

Vokabular	*Vocabulary*
Drehbuchautor Darstellung Konfliktsituation	*screenwriter* *representation* *conflict situation*

Alfred Uhry, amerikanischer Dramatiker, geb. in Atlanta, Georgia, am 03.12.1936. **Werke**: Uhry begann seine schriftstellerische Karriere als Librettist. Sein erstes erfolgreiches Bühnenstück war *Driving Miss Daisy* (1987). Andere Erfolge waren *The Last Night of Ballyhoo* (1997) und das Musical *Parade* (1998). **Themen**: Uhrys Werke handeln vom Leben der Juden in einer intoleranten Gesellschaft.

Vokabular	*Vocabulary*
verständnislos engstirnig	*uncomprehending* *narrow-minded*

Lyrik
Poetry

Carl Sandburg, amerikanischer Lyriker, Historiker und Journalist, geb. in Galesburg, Illinois, am 06.01.1878, gest. in Flat Rock, North Carolina, am 22.07.1967. **Werke**: Sein bekanntestes Gedicht ist bis heute *Chicago* (1914). Zu seinen späteren Gedichtsammlungen gehören *Smoke and Steel* (1920) und *The People, Yes* (1936). Historische Werke sind *Abraham Lincoln: The Prairie Years* (1926) und *Abraham Lincoln: The War Years* (1939). **Themen**: Realistische Beschreibungen des Arbeiterlebens in den Industriegebieten des Nordostens der USA.

Vokabular	*Vocabulary*
kraftvoll Arbeiterleben gesellschaftliche Verhältnisse	*powerful* *working-class life* *social conditions*

T. S. Eliot, britischer (ursprünglich amerikanischer) Lyriker und Dramatiker, geb. in St. Louis, Missouri, am 26.09.1888, gest. in London am 04.01.1965. 1914 zog er nach England. **Werke**: Eliots erstes bedeutendes Werk war das experimentelle Gedicht *Love Song of J. Alfred Prufrock* (1915). Mit *The Waste Land* (1922) erlangte er internationales Ansehen. Sein letztes großes Werk waren die vier Gedichte *Four Quartets* (1936-1942). Hoch gelobt wurde sein Versdrama *Murder in the Cathedral* (1935). Auf Eliots *Old Possum's Book of Practical Cats* (1939) basiert das Musical *Cats* (1981). **Themen**: Innere Konflikte und geistige Erneuerung.

Vokabular	***Vocabulary***
geistige Erneuerung	*spiritual renewal*
Versdrama	*verse drama*
innerer Konflikt	*interior conflict*

E. E. Cummings, amerikanischer Lyriker, geb. in Cambridge, Massachusetts, am 14.10.1894, gest. in North Conway, New Hampshire, am 03.09.1962. **Werke**: Cummings' wichtigste Werke sind *No Thanks* (1935) und *Ninety-Five Poems* (1958). Charakteristisch für seine Gedichte ist u. a. der Nichtgebrauch von Großbuchstaben, eine eigenwillige Interpunktion und ein kindlich unschuldiger Gestus. **Themen**: Cummings' Gedichte entspringen dem Protestantismus und der Tradition der wirtschaftlichen Eigenständigkeit, die typisch für Neuengland sind.

Vokabular	***Vocabulary***
Nichtgebrauch	*non-use*
eigenwillig	*eccentric*
kindlich unschuldig	*childlike innocent*
wirtschaftliche Eigenständigkeit	*economic self-sufficiency*

Philip Larkin, englischer Lyriker, geb. in Coventry am 09.08.1922, gest. in Kingston upon Hull am 02.12.1985. Larkin arbeitete als Bibliothekar. **Werke**: Er schrieb zwei erfolglose Romane, bevor ihm mit seinem dritten Gedichtband, *The Less Deceived* (1955), der Durchbruch gelang. Spätere Sammlungen sind *The Whitsun Weddings* (1964), *High Windows* (1974) und *Aubade* (1977). **Themen**: Äußerst realistische, nüchterne, pessimistische Darstellungen des menschlichen Daseins und zwischenmenschlicher Beziehungen in Alltagssituationen, z. B. in der Arbeitswelt.

Vokabular	*Vocabulary*
Gedichtband	*volume of poetry*
nüchtern	*sober*
Dasein	*existence*
zwischenmenschliche Beziehungen	*interpersonal relations*
Arbeitswelt	*world of work*

John Montague, irischer Lyriker, geb. in New York am 28.02.1929. Mit vier Jahren zog er zu seiner Tante nach Irland. **Werke**: Der erste von vier Gedichtbänden, durch die Montague Anerkennung erlangte, war *Forms of Exile* (1958). Andere Werke sind *The Rough Field* (1972), *A Slow Dance* (1975), *The Dead Kingdom* (1984), *Time in Armagh* (1993) und *Smashing the Piano* (1999). **Themen**: In den früheren Gedichten übt Montague harsche Kritik an der puritanischen Engstirnigkeit des irischen Lebens. Die späteren Werke befassen sich mit der politischen Situation in Nordirland und den schädlichen Auswirkungen der britischen Herrschaft auf das Selbstwertgefühl und die Kultur der Iren.

Vokabular	*Vocabulary*
Engstirnigkeit	*narrow-mindedness*
schädliche Auswirkung	*damaging effect*
Herrschaft	*rule*
Selbstwertgefühl	*self-esteem*

Ted Hughes, englischer Dichter, geb. in Mytholmroyd, Yorkshire, am 17.08.1930, gest. in Belstone, Devon, am 28.10.1998. 1956 heiratete Hughes die amerikanische Dichterin Sylvia Plath. Nach Plaths Selbstmord 1963 unterbrach Hughes für drei Jahre sein Schreiben. **Werke**: Seine ersten Sammlungen sind *The Hawk in the Rain* (1957) und *Lupercal* (1960), später folgten *Wodwo* (1967), *Cave Birds* (1975) und *Wolf Watching* (1989). In seinem letzten Werk, *Birthday Letters* (1998), setzt er sich mit seiner Beziehung zu Plath auseinander. **Themen**: Der Listenreichtum, die Brutalität und Unberechenbarkeit der Natur und deren Parallelität zum menschlichen Dasein.

Vokabular	*Vocabulary*
Selbstmord	*suicide*
hier: Listenreichtum	*cunning*
Unberechenbarkeit	*unpredictability*
Parallelität	*parallelism*
Dasein	*existence*

9 Landeskunde

9.1 The UK

British history, 1750s to present day

Georgian Period	
1750s	The beginning of the Industrial Revolution makes Britain the world's first industrial nation.
1757	The Sankey Canal between the Lancashire Coalfield and the port of Liverpool becomes the first canal built for industrial purposes.
1775	James Watt builds the first reliable steam engine.
1776	America declares its independence from Britain.
1783	Richard Arkwright builds the first steam-powered cotton mill.
1800	Act of Union between Britain and Ireland establishes the United Kingdom.
1804	Richard Trevithick builds the first steam locomotive.
1815	Britain and Prussia defeat Napoleon at Waterloo.
1825	World's first passenger railway opens between Stockton and Darlington in north-east England.
1829	Robert Peel organises the world's first police force in London (Metropolitan Police).
1831	Michael Faraday perfects electric motor, thus revolutionising manufacturing and power generation.
Victorian Period	
1840	The world's first postage stamps come into use.
1842	Mines Act ends child and female labour in coalmines.
1845–49	About 800,000 people die of hunger in Ireland because of failure of the potato crop. Large numbers of Irish emigrate to Britain and the USA.
1854	A cholera epidemic leads to the development of a clean water supply and efficient sewage plants in big cities.
1863	London Underground opens.

1870	Education Act provides free primary schools in England and Wales.
1877	The first electric street lighting installed in London.
1879	First British telephone exchange opens in London.
Modern Era	
1914–18	First World War brings compulsory military service, food rationing and passports.
1920	Catholic Ireland gains its independence, but Britain keeps control of the six protestant counties in Ulster in the north.
1929–32	"Wall Street crash" followed by the Great Depression in the USA causes long recession and huge loss of jobs in Europe.
1939–45	Second World War
1947	India gains independence.
1960s	Many British colonies in Africa, Asia etc. gain independence.
1968–98	Long period of unrest in Northern Ireland as Republicans call for reunion with Irish Republic and Unionists resist this demand.
1973	UK joins EEC.
1991	First Gulf War
1991	Tim Berners-Lee develops the world wide web.
1994	Channel tunnel between Folkestone and Calais joins Britain to the European continent.
1999	Wales and Scotland are given some autonomy (Welsh national assembly, Scottish parliament).
2003	Second Gulf War

Vokabular	*Vocabulary*
industrielle Zwecke	*industrial purposes*
zuverlässig	*reliable*
Dampfmaschine	*steam engine*
Unabhängigkeit erklären	*to declare independence*
Baumwollspinnerei	*cotton mill*
besiegen	*to defeat*
vervollkommnen	*to perfect*
Energieerzeugung	*power generation*
„Bergwerksgesetz“	*Mines Act*
Scheitern, Ausbleiben, Fehlschlag	*failure*
Kläranlage	*sewage plant*
Grundschule	*primary school*
Telefonzentrale	*telephone exchange*
obligatorisch	*compulsory*
gewinnen	*to gain*
sich widersetzen	*to resist*

British values and attitudes to life

There are two problems about the topic of British values and attitudes. The first is to find a general definition for "British" that goes beyond mere holders of a British passport. Opinion surveys clearly suggest that most people who once thought of themselves as British now prefer to call themselves English, Irish, Scottish or Welsh, as the case may be. The fact is that the idea of a common "Britishness" that includes everybody in Britain seems to be a thing of the past.

The second problem about British values is that – even if they exist – they no longer apply solely to the British, if they ever did. Attempts to define "Britishness" often fall down because much of what is said seems to apply equally well to a majority of Europeans and, indeed, North Americans.

With that in mind, it is often claimed, that **traditional British values** are based on six basic ideas:

- Fairness in competitive situations
- A caring attitude to the vulnerable, including animals
- Respect and tolerance for ideas, beliefs, customs of others
- Moderation and a dislike of extremism and dogma
- Pragmatism, common sense
- Belief in the inviolability of the home ("An Englishman's home is his castle.")

However, how many of these "traditional values" are still valid and active (and to what extent) is a matter of dispute among observers of the British scene.

Vokabular	*Vocabulary*
bloß	*mere*
je nachdem	*as the case may be*
hier: gemeinsam	*common*
gelten für	*to apply*
Versuch	*attempt*
fürsorgliche Einstellung	*caring attitude*
schutzlos	*vulnerable*
Mäßigung	*moderation*
Menschenverstand	*common sense*
Unverletzlichkeit	*inviolability*
gültig	*valid*
Streitfrage	*matter of dispute*
Beobachter/-in	*observer*

The British political system

The UK has three branches of state theoretically subject to the monarch as head of state. The three branches are:

- the **legislative** (parliament), which makes the law
- the **executive** (government), which administers the law
- the **judiciary** (since 2009 the supreme court), which, among other duties, ensures that the executive obeys the law

1 Head of state (monarchy)

The head of state and source of all legislative, executive and judicial power is the monarch, at present Elizabeth II.

However, since the English Bill of Rights (1689) real power no longer belongs to the monarch, but to parliament. The monarch plays a representative role, though he or she has the right to be informed and consulted about government policies.

2 Legislative (parliament)

All political power in the UK is held by parliament, and parliament alone. The government is both chosen from among its members and is answerable to it.

Parliament is made up of two chambers, the House of Commons and the House of Lords.

House of Commons

The UK is divided into constituencies of roughly equal population. Each constituency chooses one person to become its Member of Parliament (MP). A simple majority of the votes is sufficient in a first past the post (FPP) system.

House of Lords

Although further reform is planned, at present the House of Lords is made up of hereditary aristocrats, Anglican bishops and people appointed by the prime minister. However, this undemocratic confusion does not really matter much. The House of Lords has no power either to introduce laws or to veto or change them. At most, it can delay legislation for twelve months.

3 Executive (government)

The executive, i.e. the government of the day, is chosen from and answerable to Members of Parliament. A successful vote of no confidence can make the government resign and hold fresh elections.

Ministries are the political responsibility of a minister appointed by the prime minister. The political decisions of a minister and his or her cabinet colleagues are put into practice by civil servants, who are supposed to be politically neutral. This neutrality means that even very senior civil servants keep their job when there is a change of government.

4 Judiciary (supreme court)

The **UK Supreme Court**, which began its work in October 2009, is the highest court of appeal in the country and is hence the "court of last resort". This job was formerly carried out by the House of Lords.

The court focuses on cases that raise basic points of law, including commercial disputes, family matters, claims against public bodies, and questions arising from the Human Rights Act of 1998.

The court also rules on "devolution issues", when they are basic disputes between the regional assemblies of Scotland, Wales and Northern Ireland on the one hand, and central government in London on the other.

Unlike the US Supreme Court and the German constitutional court in Karlsruhe, however, the UK Supreme Court does not rule on the constitutional legality of laws passed by the House of Commons (↗ *Democratic deficits* below).

Democratic deficits

A growing body of opinion, including many politicians, criticise the British political system because of its "democratic deficits".

Most important among these are:

■ The **first past the post system** (FPP) or simple majority system is fine when only two parties are fighting an election. At present, however, there are three big parties in England and four in Wales, Scotland and Northern Ireland. In this situation, FPP is grossly unfair. Take a constituency in which 70,000 people, say, vote in an election. The result is 24,000 votes for Party A, 23,500 for Party B and 22,500 votes for Party C. Under FPP, Party A gets the one seat in the House of Commons, although 66 % of voters voted against it. Under FPP, their votes are simply ignored.

■ The **lack of a written constitution** and a second chamber with real power (↗ *House of Lords* above) mean that (with a safe majority in the House of Commons) governments can do virtually whatever they like.

■ **Personal patronage:** British prime ministers do not only appoint their cabinet. They also have the right to appoint people to a large number of other positions by means of patronage. These appointments include senior civil servants, bishops, high court judges, military commanders, and the heads of universities. Such personal patronage enables prime ministers to choose people who will be loyal to them and not challenge their authority.

■ In most modern democracies, the **dates of elections** are fixed by law. In the USA, for example, presidential elections take place every four years on the first Tuesday in November. In the UK, however, prime ministers set the date of general elections as long as they hold at least one election every five years.

Vokabular	*Vocabulary*
Gewaltenteilung	*branches of state*
abhängig von	*subject to*
verwalten	*to administer*
Pflicht	*duty*
Quelle	*source*
„Gesetz der Rechte“	*Bill of Rights*
zu Rate ziehen	*to consult*
jmdm. gegenüber verantwortlich sein	*answerable to so*
Wahlkreis	*constituency*
ausreichend	*sufficient*
Adliger durch Geburt	*hereditary aristocrat*
Durcheinander	*confusion*
verschieben	*to delay*
Gesetzgebung	*legislation*
Misstrauensvotum	*vote of no confidence*
zurücktreten	*to resign*
Staatsbeamter/-beamtin	*civil servant*
Berufungsgericht	*court of appeal*
letzte Instanz (Gericht)	*"court of last resort"*
Handelsstreit	*commercial dispute*
Körperschaft des öffentlichen Rechts	*public body*
Verfassungsmäßigkeit	*constitutional legality*
äußerst	*grossly*
Mangel an	*lack of*
Gunst	*patronage*
ernennen	*to appoint*
Richter/-in am Obersten Gericht	*high court judge*
ermöglichen	*to enable*
hier: infrage stellen	*to challenge*

The British monarchy and republicanism

■ **British Republicanism:** In the UK, republicanism has nothing to do with right-wing politics. It is a movement which works for the abolition of the British monarchy and its replacement with a non-hereditary head of state. How this head of state should be chosen is still a subject of discussion. Some republicans favour a president elected by the people, others a president elected by parliament in a free and secret vote and yet others a president appointed by an electoral college rather like the pope.

■ **Support for the monarchy:** Opinion surveys during the first years of the 21st century showed that the monarchy had the support of 70 % of respondents, with only 22 % favouring some form of republic. According to a BBC poll carried out in 2009, the monarchist share of the vote had increased to 76 % while support for a republic had fallen to 18 %; 6 % of respondents said they did not know.

However, support for the monarchy is heavily influenced by both age and education. On the whole, younger and better-educated people tend to be against the monarchy, while older and less-educated ones tend to be for it.

Vokabular	*Vocabulary*
Diskussionsthema	*subject of discussion*
favorisieren, für gut halten	*to favour*
ernennen	*to appoint*
Wahlausschuss	*electoral college*
Meinungsumfrage	*opinion survey*
Befragter/-e	*respondent*
laut, gemäß	*according to*
Umfrage	*poll*
Stimmenanteil	*share of the vote*
stark beeinflusst	*heavily influenced*

Arguments against monarchy

1 In a modern democracy, nobody should have to defer to other persons simply because of their birth. Such a system fosters the subservient attitudes of a past age and is completely inappropriate in a modern, open, classless meritocracy.

2 In a democracy, the people are sovereign, i.e. the source of all political power, not the members of one family. In a formal legal sense, British people are not “citizens” but “subjects”.

3 According to modern political theory, it is a basic right of the governed, i.e. the people, to elect their head of state, and every citizen has the right to hold that office.

4 An elected head of state is accountable to the electorate or to an elected parliament, and such accountability creates a cohesive nation.

5 The “royal prerogative” can be used - or misused - to bypass the parliament and hence without accountability to the electorate.

6 The monarchy is religiously discriminatory because - for historical reasons going back to the break with Rome and the setting up of the Church of England - no Roman Catholic may become monarch. The exclusion only applies to Catholics (officially still called “Papists”), not to members of other religious faiths.

7 A monarchy tends to act against merit and aspiration because the order of succession lays down who will become head of state, regardless of experience, qualifications and suitability for the job.

8 A monarchy is much more expensive than is an elected head of state. The British monarchy costs the taxpayer over £100 million *(ca. 110 Millionen Euro)* a year.

9 The monarchy makes the UK seem backward and out of touch with modern life. This applies particularly to the so-called **“trappings of monarchy”**, e.g. the ceremonial opening of parliament complete with a fairy-tale carriage, the wearing of rather ridiculous historical clothing like at carnival, the awarding of funny titles like "Sir" and "Lord", and archaic military pomp such as the changing of the guard and the queen's birthday parade.

10 Perhaps the most convincing argument against the monarchy is that it makes constitutional reform - getting rid of the Church of England as the "state church" and having an elected second chamber with real power, for example - extremely difficult and divisive.

Arguments for monarchy

1 The monarch's constitutional right to dissolve or refuse to recognise a government could be a safeguard against Britain ever becoming a dictatorship.

2 An hereditary head of state who is not dependent on elections stands above day-to-day political activities as the impartial representative of ordinary people. In times of crisis, this enables the monarch to act as a non-partisan intermediary.

3 Unlike an elected president who is dependent on a political party, a monarch with a non-partisan role provides a focus for national unity and a greater awareness of what it is to be "British".

4 Monarchs provide close links to the monarchs of other nations or - in the case of the Commonwealth - one person is the head of state of several nations. The British monarch is also the head of state of Canada, Australia, and New Zealand, for example, although there are strong republican movements in all these places.

5 A clear separation of the head of state from the head of government, i.e. the prime minister, offers some benefits. In Germany and Italy, for example, the president is, in effect, chosen by the government of the day and is thus at least partly dependent on the government's goodwill.

6 In a constitutional monarchy, the monarch can give impartial, non-political support and help to a wide range of organisations, charities, and individuals such as artists and musicians.

7 A monarchy provides a head of state who is under the democratic control of parliament but remains in power for a long time, giving stability and experience to the state. The present British queen Elizabeth II. has been in office for 57 years, and this makes her the world's most experienced head of state. She has seen eleven prime ministers come and go.

8 A monarch as head of state does not need divisive and expensive elections.

9 Far from being just a hangover from the past, the monarch attracts huge numbers of visitors to the UK. Furthermore, as the world's longest serving head of state, the present queen is highly respected, hence promoting British interests throughout the world.

Vokabular	***Vocabulary***
sich jmdm. beugen	*to defer*
pflegen	*to foster*
unterwürfige Einstellung	*subservient attitude*
unpassend	*inappropriate*
juristischer Sinn	*legal sense*
Bürger/-in	*citizen*
Untertan/-in	*subject*
jmdm. Rechenschaft schulden	*to be accountable to so*
in sich ruhend	*cohesive*
königliches Vorrecht	*royal prerogative*
umgehen	*to bypass*
Verantwortlichkeit	*accountability*
Ausschluss	*exclusion*
gelten für	*to apply to*
gegen etw. handeln	*to act against sth*
Streben	*aspiration*
Nachfolgeregelung	*order of succession*
ungeachtet	*regardless*
Eignung	*suitability*
rückständig	*backward*
Drumherum, äußere Zeichen	*trappings*
Märchenkutsche	*fairy-tale carriage*
verleihen	*to award*
veraltet	*archaic*
Prunk	*pomp*
überzeugend	*convincing*
abschaffen	*to get rid of*
Staatskirche	*state church*
entzweiend	*divisive*
auflösen	*to dissolve*
anerkennen	*to recognise*
Schutz	*safeguard*
hier: neutrale Vertrauensperson	*impartial representative*
ermöglichen	*to enable*
unparteiischer Vermittler	*non-partisan intermediary*
bereitstellen	*to provide*
Bewusstsein	*awareness*
enge Verbindung	*close link*
klare Trennung	*clear separation*
Vorteil	*benefit*
faktisch	*in effect*
Wohlwollen	*goodwill*
Wohlfahrtsorganisation	*charity*
im Amt	*in office*
Überbleibsel aus der Vergangenheit	*hangover from the past*
dienstältestes Staatsoberhaupt	*longest serving head of state*
fördern	*to promote*

Immigration from the Indian subcontinent

Although there are many smaller minorities, the Indian subcontinent is inhabited by three bigger ethnic groups, namely Indians (mainly Hindu), Pakistanis (mainly Muslim) and since the foundation of the state of Bangladesh – formerly East Pakistan – in 1971, Bangladeshis (also mainly Muslim).
British immigrants from the subcontinent call themselves British Indians, British Pakistanis or British Bangladeshis. Increasingly, however, the last two groups may also refer to themselves as British Muslims.
The term British Asian covers these three ethnic groups as a whole, not however British citizens of Chinese descent.

Not counting people of mixed race, there are about 1.6 million British Indians in the UK. This figure compares with around 700,000 British Pakistanis and 500,000 British Bangladeshis, adding up to a total of about 1.2 million British Muslims.
When it comes to the issue of integration into the British way of life, there are big differences among British Asian groups.

The integration of British Indians:

British Indians have integrated well. The reasons are:

1 British Indians place a high value on education and on the use of English, also at home,

2 modern Hinduism is "pluralist", which enables it to accept and take part in other ways of life, particularly in Britain,

3 in the British Hindu community women enjoy high status and, providing they are chaste, have social and economic freedoms comparable to those of Europeans,

4 British Indians have made a big contribution to British life and are thus seen as "giving more than they take", e.g.:

- Indian restaurants are a feature of every British High Street; tandoori chicken and chicken tikka, for example, compete with fish & chips and burgers & fries as the UK's most popular dishes,
- popular films/TV series by and about British Indians – e.g. *Bend it like Beckham*, *Bhaji on the Beach*, *The Buddha of Suburbia* and *Jewel in the Crown* – have made British Indians and their lifestyle known and appreciated among the indigenous population,
- British Indian entrepreneurs like Lakshmi Mittal, founder of Mittal Steel and the UK's richest man, Sri and Gopi Hinduja, founders of the Hinduja Group, which includes Gulf Oil, and Tom Singh of New Look, an international fashion retailer, have created thousands of jobs and made a huge contribution to the UK economy.

The integration of British Muslims:
A growing number of British Muslims do not integrate well. This process of isolation accelerated in the 1980s when – most worryingly – young Muslim males (↗ 2 below) began to adopt fundamentalist religious ideas.

Factors working against integration are:

1 Many British Muslim families do not use English at home, and religious tabus, for example against socialising with non-Muslims, mean that they do not play a full role in the life of the wider community.

2 Nearly three times as many British Muslims are below the age of 25 than are members of other groups in the UK. This has led to proportionately higher unemployment among young male Muslims than among other young men. Fundamentalist Muslim organisations feed on the frustration and low self-esteem of young Muslims, blaming their situation on racial and religious discrimination.

3 Surveys among employers show that they find British Muslims less easy to employ because of their different religious festivals, days of worship, and periods of fasting. Among Muslim women, the wearing of the hijab at work is a big obstacle.

4 The Muslim clergy tends to be against closer integration. Most of the 1,500 mosques in the UK are controlled by the Deobandis, the branch of Islam most supportive of the Taliban in Kashmir (a disputed part of Pakistan) and Afghanistan.

5 The British Terrorism Act of 2000 banned 21 organisations because of their terrorist activity. Almost all the banned organisations are Islamic, a fact that has alienated British Muslims' opinion almost as much as the UK's willing participation in both Gulf Wars and in Afghanistan.

Vokabular	***Vocabulary***
je nachdem	*as the case may be*
sich beziehen auf	*to refer to*
Problem, Frage	*issue*
ermöglichen	*to enable*
keusch	*chaste*
vergleichbar mit	*comparable to*
Beitrag	*contribution*
charakteristisches Merkmal	*feature*
konkurrieren mit	*to compete with*
Gericht, Speise	*dish*
schätzen	*to appreciate*
einheimisch	*indigenous*
Unternehmer/-in	*entrepreneur*
Einzelhändler/-in	*retailer*
beschleunigen	*to accelerate*

Gemeinschaft	*community*
anteilsmäßig	*proportionately*
Selbstachtung	*self-esteem*
Kopftuch	*hijab*
Hindernis	*obstacle*
Geistlichkeit	*clergy*
umstritten	*disputed*
entfremden	*to alienate*
Teilnahme	*participation*

British cultural life and media

With exceptions, the fact that Britain shares a common language with the United States has had an almost incalculable effect on British cultural life and media, both of which have undergone a process of "Americanisation". This applies most particularly to youth culture and mass entertainment media such as TV, Hollywood-style films - the James Bond films, say - and electronic games, for example.

In the area of mass culture, exceptions to this general development are popular music, the British cinema, and newspapers, all three of which have created or preserved a characteristically British voice.

- **Popular music**: Since the early 1960s, pop groups such as the Beatles, the Rolling Stones, both of which composed their own music, and their successors, as well as soloists like Eric Clapton, Elton John, and Robbie Williams have created a branch of music that is distinct from, though a development of, the American form.
- **British films:** The British cinema has produced three kinds of characteristically British films, namely
  - **films of social criticism**, sometimes called "socio-realism", by directors like Ken Loach and Stephen Daldry. This group includes such films as *It's a Free World* (2007), *Billy Elliot I Will Dance* (2000), *Brassed Off* (1996), and the comedy *The Full Monty* (1997),
  - **romantic comedies** such as Mike Newell's *Four Weddings and a Funeral* (1994) and Roger Michell's *Notting Hill Gate* (1999), Richard Curtis's *Love Actually* (2003) and Sharon Maguire's *Bridget Jones' Diary* (2001),
  - **costume dramas**, including Shakespeare's *Henry V* (1989) and *Much Ado About Nothing* (1993), and a number of film versions of Jane Austen's novels, for example.
- **British press:** The British newspaper industry is marked by the relatively high - some economists say too high - number of national newspapers, almost all of which publish daily and Sunday editions.

The **page sizes** of British newspapers are:
broadsheet: 27.8 cm x 53.3 cm, quality papers
compact: 24.9 cm x 27.7 cm, quality papers
tabloid: 24.9 cm x 27.7 cm, mid-market/popular papers
Note: Compact and tabloid formats are the same size, but quality papers refer to "compact" so that they are not confused with popular papers, which are sometimes called "tabloids".

The quality press

Times, compact, 560,000 copies, right of centre
Sunday Times, broadsheet, 1 million copies, right of centre
Daily Telegraph, compact, 740,000 copies, markedly right of centre
Sunday Telegraph, compact, 575,000 copies, markedly right of centre
Independent, compact, 185,000 copies, left of centre
Independent on Sunday, compact, 155,000 copies, left of centre
Guardian, compact, 300,000 copies, markedly left of centre
Observer, compact, 370,000 copies, markedly left of centre
Financial Times (daily), broadsheet, 119,000 copies, centre

The mid-market press

Daily Mail, tabloid, 2 million copies, markedly right of centre
Mail on Sunday, tabloid, 2 million copies, markedly right of centre
Daily Express, tabloid, 680,000 copies, right of centre
Express on Sunday, tabloid, 590,000 copies, right of centre

The popular press

Sun, tabloid, 2.9 million copies, right of centre
News of the World, tabloid, 2 million copies, right of centre
Mirror, tabloid, 1.2 million copies, left of centre
Sunday Mirror, tabloid, 1.1 million copies, left of centre

Vokabular	*Vocabulary*
Ausnahme	*exception*
hier: gemeinsam	*common*
unermesslich	*incalculable*
sich unterziehen	*to undergo*
zutreffen auf	*to apply to*
aufrechterhalten	*to preserve*
Nachfolger/-in	*successor*
unterschiedlich	*distinct*
Film in historischen Kostümen	*costume drama*
kennzeichnen	*to mark*
verwechseln mit	*to confuse with*

Britain and the European Union

Britain's relationship with what is now the EU has not been a happy one. When invited to join the original European Economic Community (EEC) in 1957, Britain refused. And then, when it finally asked for exploratory discussions about joining in 1963, France refused Britain's offer both then and again in 1967.

The reason for France's scepticism was **1**) that public opinion in Britain was "anti-European" and **2**) that Britain's close relationship with the USA would cause conflicts of interest. And, as later events have shown, France was almost certainly correct.

Even today, after over 35 years, the UK continues to be at best only a half-hearted member of the EU.

Here are five examples of British unwillingness to work together with what is now the EU:

- Although the UK signed the **Maastricht treaty** in 1991, it opted out of its main provision, the introduction of the euro.
- The UK was against the European Community changing its name to European Union because this made it sound too much like a real country, like the USA. For the same reason, it has always refused to officially recognise the EU flag and anthem.
- When asked to open its frontiers in accordance with the **Schengen Agreement** in 1995, Britain opted out.
- When the USA invaded Iraq in 2003, the UK supported the USA against France, Germany and the Benelux countries, its closest partners in the EU.
- Although the UK signed the **Treaty of Lisbon** in 2007, it did so unwillingly and only after provisions about cross-border policing and human rights had been diluted.

Year	Event
1957	Treaty of Rome signed by Belgium, France, Germany, Holland, Italy, Luxembourg sets up the European Economic Community (EEC). UK invited to join but refuses.
1967	"Economic" dropped from name: EEC becomes EC to show that it is more than just a customs union.
1973	UK joins EC after France drops veto on its membership.
1975	UK referendum: 66 % vote to stay in EC.
1987	Gradual setting up of internal market agreed in principle.

1991	Treaty of Maastricht agrees to introduce the euro. UK opts out.
1993	EC becomes European Union (EU) to mark a further step towards fuller integration. UK unsuccessfully objects to change of name.
1995	Schengen Agreement abolishes frontiers in Belgium, France, Germany, Holland, Luxembourg, Portugal, Spain. UK opts out.
2002	Voters in France and Holland reject European constitution.
2007	Treaty of Lisbon replaces European constitution in a slightly different form. UK ratifies treaty against wishes of own electorate.
2009	Treaty of Lisbon finally ratified. EU gets a president and a foreign minister to represent it on the world stage.

Vokabular	***Vocabulary***
ablehnen	*to refuse*
Sondierungsgespräch	*exploratory discussion*
Angebot	*offer*
verursachen	*to cause*
Ereignis	*event*
halbherzig	*half-hearted*
aussteigen	*to opt out*
Bestimmung	*provision*
erkennen	*to recognise*
Hymne	*anthem*
gemäß	*in accordance with*
einfallen in	*to invade*
abschwächen	*to dilute*
Zollverein	*customs union*
Volksentscheid	*referendum*
Binnenmarkt	*internal market*
ablehnen	*to reject*
ersetzen	*to replace*
geringfügig	*slightly*
hier: vertreten	*to represent*

The "Troubles" in Northern Ireland

The Troubles refers to a period of about 30 years between the late 1960s and the late 1990s when groups within the Republican (mainly catholic) minority in Northern Ireland fought against the governing Unionist (mainly protestant) majority in what became virtually a civil war.

The conflict was caused by **1)** clear discrimination against the catholic minority in housing, schools, and jobs, particularly in the public sector, including the police, and **2)** Northern Ireland's status within the UK. In this second connection, there were three schools of thought: **a)** more radical Republicans wanted to leave the UK and reunite with the Republic of Ireland; **b)** more extreme Unionists wanted to remain part of the

UK; **c)** a third group - feeling that complete union with either Dublin or London was out of the question - wanted independence for Northern Ireland within the EU.

The military conflict was marked by extreme violence on both sides. The main forces in the "war" were the Irish Republican Army (IRA) and its various splinter groups on the Republican side, and the Ulster Volunteer Force (UVF), again with several splinter groups, on the Unionist. The security forces, i.e. the British Army and the police, the Royal Ulster Constabulary (RUC), were also caught up in the violence.

As the RUC was almost entirely protestant, from the start its role as a peacekeeper was seriously compromised. However, the British Army also colluded with the Unionists.

The Troubles were brought to an uneasy end by the Belfast Agreement, often known as the **Good Friday Agreement**, which was signed by all participants on 10 April 1998 (Good Friday). The agreement included **a)** a ceasefire, agreed to by most paramilitary groups, including the IRA and the UVF; **b)** the complete reform and renaming of the police force; **c)** the withdrawal of troops from the streets and the border with the Irish Republic; **d)** the promise that Northern Ireland would remain a full member of the United Kingdom until and unless a majority of voters decided otherwise.

It remains to be seen whether the fragile peace in Northern Ireland holds. Already (2010) a new generation of young activists is beginning to form on both sides of the conflict. In particular, the Unionists are worried that a much higher birthrate among Catholics means that, in time, there will be a catholic majority in Belfast.

The question then will be whether this majority will vote to leave the UK and join the Irish Republic - and whether the Irish Republic will be willing to welcome such a troublesome relative.

Vokabular	***Vocabulary***
Unruhen	*troubles*
sich beziehen auf	*to refer to*
Bürgerkrieg	*civil war*
verursacht durch	*caused by*
öffentlicher Bereich	*public sector*
Denkrichtung	*school of thought*
wiedervereinigen	*to reunite*
Gewalt	*violence*
Streitkräfte	*forces*
verschiedene Splittergruppen	*various splinter groups*
Sicherheitskräfte	*security forces*

sich in etw. verfangen	*to be caught up in*
vollständig	*entirely*
ernsthaft kompromittiert sein	*to be seriously compromised*
insgeheim zusammenwirken	*to collude*
hier: quälend	*uneasy*
Teilnehmer/-in	*participant*
Waffenstillstand	*ceasefire*
Abzug	*withdrawal*
es bleibt abzuwarten, ob ...	*it remains to be seen whether ...*
hier: unsicher	*fragile*
Geburtenrate	*birthrate*
schwieriger Verwandter	*troublesome relative*

9.2 The USA

Milestones in American history

The War of Independence (1775–83)	On 4 July 1776, the 13 British colonies declared their independence from Britain. This act of rebellion caused war, which the colonists won after a decisive victory at the Battle of Yorktown in Virginia in 1781. The United States of America was formally set up in 1787, with George Washington as its first president.
The Civil War (1861–65)	This war was between the 23 northern states that wanted to stay in the Union and the 11 states in the South that had formed a separate confederacy. The South resented the growing power of the North in Congress and the increasing interference of the federal government in the affairs of individual states. The "Slavery Question" did not cause the war, but it was used to sell it to ordinary people.
Immigration and industrialisation (1865–ca. 1900)	The civil war was followed by a period of very fast industrialisation during which America overtook Europe as an economic power. Industrialisation was powered by **1**) the opening up and settlement of the West with its huge natural resources of oil and timber, **2**) waves of millions of immigrants, mostly from Europe, and **3**) the building of the railways.
The First World War (1914–18)	America's entry into the First World War on the side of Britain and France resulted in the defeat of Germany and Austria. It established the USA as a world power.
The Great Depression and the New Deal (1929–35)	The collapse of the New York stock exchange (the Wall Street crash) in 1929 sparked off the Great Depression of the early 1930s, the effects of which were felt all over the industrial world. Millions of Americans lost their jobs and possessions. Franklin D. Roosevelt was elected president in 1932 on a platform of social reform and industrial recovery called "the New Deal". The federal government spent millions of dollars on infrastructure projects like the building of roads, dams, airports, schools and public buildings. In this way, "FDR" succeeded in bringing the US economy back into growth and creating more jobs.

The Second World War (1939–45)	The USA declared war on Nazi Germany's ally, Japan, after it attacked its naval base at Pearl Harbor in Hawaii. This caused Germany to declare war on the USA in December 1941, thus guaranteeing an allied victory. Japan itself surrendered after atomic bombs were dropped on Hiroshima and Nagasaki.
The Cold War (1945–89)	After 1945, the USA became the undisputed leader of western democracies against the spread of communism. This led to the country's involvement in Korea, Vietnam and Cuba. In Europe, the USA also fought communism by means of the Marshall Plan. This was a generous programme of economic aid to help Europe to rebuild its ruined cities, infrastructure and industries quickly. Victory in the Cold War finally came with the collapse of the Soviet Union in 1989.
Social reform (1950s–70s)	These years saw a period of social reform. This included the outlawing of racial segregation and such welfare programmes as Medicare, which provided health insurance for the aged, and additional help for the unemployed. However, in spite of many advances, America's problems continue to lie in these areas, as President Obama's attempt to introduce national health insurance shows.

Vokabular	***Vocabulary***
die Unabhängigkeit erklären	*to declare the independence*
entscheidender Sieg	*decisive victory*
abgespaltener Staatenbund	*separate confederacy*
übel nehmen	*to resent*
wachsende Einmischung	*increasing interference*
überholen	*to overtake*
zur Niederlage führen	*to result in the defeat*
auslösen	*to spark off*
Besitz	*possession*
durch eine Politik von	*on a platform of*
Erholung	*recovery*
Staumauer	*dam*
Wachstum	*growth*
den Krieg erklären	*to declare war*
kapitulieren	*to surrender*
unangefochtener Führer	*undisputed leader*
Ausdehnung des Kommunismus	*spread of communism*
wirtschaftliche Hilfe	*economic aid*
Ächtung	*outlawing*
Hilfsprogramme	*welfare programmes*
Fortschritt	*advance*
Versuch	*attempt*
staatliche Krankenversicherung	*national health insurance*

The expansion of the USA

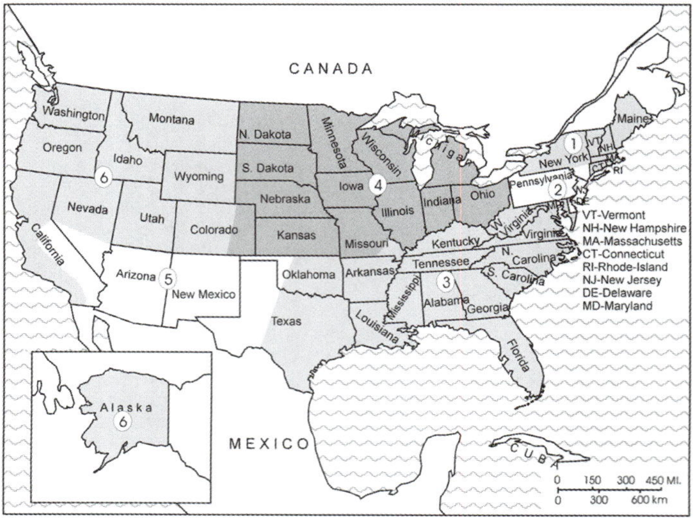

1 When the USA won its independence from Britain, its territory comprised the whole area to the east of the Mississippi river, though only the 13 colonies along the East Coast were inhabited by settlers. On the map, this area took in regions ① and ②, and the eastern halves of regions ③ and ④.

2 The first big westward expansion came with the Louisiana Purchase in 1803. Then the USA bought the western halves of regions ③ and ④, and the eastern half of region ⑥ from France.

3 The next big addition of territory was the Southwest, region ⑤, most of which the USA took over from Mexico in the 1840s.

4 The remaining territory, most importantly the western half of region ⑥, was gradually settled by mainly European immigrants and finally taken into the United States in 1846. Alaska, the biggest state in the USA by area, was bought from Russia in 1867.

American values

What makes an American "an American"? It is certainly not race, colour, religion, ancestry, politics, or even the English language. Many Americans use other languages in their daily lives, Spanish, for example. In fact the USA has no national official language at all, although

30 federal states, including California, have English as their only official language.

In spite of America's great diversity, there are some five basic values that are subscribed to by most Americans. Although most or all of these values are shared by other western democracies, they lie at the heart of the American value system.

1 Freedom

The first and most important value that virtually all Americans agree on is freedom. Covering both freedom from oppression and individual freedom, this value has a huge influence on every aspect of American life.

2 Equality

The second important value guaranteed in the Constitution is equality. This does not mean, however, that everybody should be the same or have the same standard of living, for example. The American concept of equality has to do with equality of opportunity and, secondly, equality before the law.

3 Education and self-improvement

Americans see education as the key to individuals realising their full economic, social, and personal potential. This deep belief that Americans should "be all that you can be" grows out of the Protestant idea that everybody has a responsibility to achieve their maximum potential, to develop their talents, and to help their neighbours to do the same. These convictions are not only the basis of the American educational system. They have also had a deep influence on US foreign policy. The idea of exporting American values of freedom and equality to other parts of the world is seen as meeting a God-given moral obligation.

4 Self-sufficiency and privacy

The individualism that is so valued by modern Americans originated in the settlement of the West, when settlers found themselves on the frontiers of civilisation. That experience played a vital role in the formation of American attitudes. Early settlers had to be self-sufficient, innovative, and "able to stand on their own two feet". This gave early Americans a firm belief that problems are there to be solved (the "can do" spirit).

5 Patriotism (love of country)

America's need to absorb a huge number of immigrants led in turn to the necessity to create a feeling of national unity and an awareness of being an American. The national flag, the Stars and Stripes, flies above every school and public building, and above many private homes as well. The singing of the national anthem, *The Star-Spangled Banner*, and other patriotic songs such as *God Bless America* are an important part of any public event, particularly those taking place on the Fourth of July (Independence Day).

Vokabular	*Vocabulary*
Wert	*value*
Herkunft	*ancestry*
Vielfalt	*diversity*
sich einer Sache anschließen	*to be subscribed to*
Unterdrückung	*oppression*
gewaltiger Einfluss	*huge influence*
Chancengleichheit	*equality of opportunity*
Gleichheit vor dem Gesetz	*equality before the law*
Verantwortung	*responsibility*
etw. erreichen	*to achieve sth*
Überzeugung	*conviction*
Außenpolitik	*foreign policy*
Unabhängigkeit	*self-sufficiency*
geschätzt sein	*to be valued*
entspringen	*to originate*
entscheidende Rolle	*vital role*
aufnehmen	*to absorb*
Bewusstsein	*awareness*
öffentliche Veranstaltung	*public event*

The political system of the USA

The USA is a federal system. Power is divided between a national government and the states. The national government is called the federal government and has its seat in Washington DC.
Both the federal government and the state governments are divided into three separate branches: the **legislative branch**, that makes laws, the **executive branch**, that administers laws, and the **judicial branch**, that makes sure that laws are made and administered in accordance with the constitution.

The President, Congress and Supreme Court

At national level the executive branch is the federal government led by the President, who is elected for a maximum of two four-year terms. The President is not only head of the federal government with the power to appoint cabinet ministers, judges and other important officials such as the head of the CIA and FBI, but also commander-in-chief of the armed forces.

In order to avoid conflicts of interest, the President and his or her cabinet cannot have a seat in either house of Congress and have to get Congress's agreement to pass laws, to approve the federal budget, or to declare war.
The **Supreme Court** has the power to declare government actions unconstitutional and order laws to be changed or repealed. To ensure the court's independence, judges are appointed for life and cannot be dismissed.
Both houses in Congress have important powers. Both are involved in the passing of laws. The **Senate** has 100 members, two from each state, and is elected for six years. The Senate tends to concentrate mainly on foreign affairs and important national issues. The **House of Representatives** has 435 members, elected for two years. The House of Representatives is more concerned with domestic and local issues, but it alone has the power to vote on taxation, i. e. "money bills".

State and Local Government

The USA consists of 50 states, each with its own government led by a **State Governor**. State legislatures are also split into two houses, the **Senate** and the **House of Representatives**, and each state also has a **State Supreme Court**.
American states have considerable independent powers. For example, they decide on state taxes and legal policy. That is why the penalty for murder varies from state to state, some having the death penalty and some not. There are also very big differences in environmental policies. The states are also responsible for education and policing.
At a more local level there are **cities** and **counties** which elect their own mayors and councils. In the USA, many posts at city and county level are elected, which means that officials tend to be very concerned about public opinion.

Political parties and elections

The two main parties are the **Republicans** and the **Democrats**. The Democrats tend to be supported by poorer people, ethnic minorities, and city dwellers. The Republicans get more support from rural areas and the better-off.
Candidates, especially for President, have to secure the nomination of the party through a complicated system of primaries, caucuses, and then conventions.

Vokabular	***Vocabulary***
verwalten	*to administer*
gemäß ...	*in accordance with*
Interessenkonflikte vermeiden	*to avoid conflicts of interest*
aufheben	*to repeal*
an etw. beteiligt sein	*to be involved in sth*
Problem, Frage	*issue*
erheblich	*considerable*
Rechtspolitik	*legal policy*
Strafe	*penalty*
sich beschäftigen mit	*to be concerned about*
Stadtbewohner	*city dweller*
Vorwahl	*primary*
Parteiversammlung	*caucus*

Immigration into the USA

America has always been aware of its need for people. Immigration to the USA took place in four waves: **1)** the colonial period, **2)** the mid-19th century, **3)** the early 20th century, and **4)** post-1965.

Each wave of settlers brought distinct national groups to the United States:

- The **colonial period** was marked by migration mainly from Britain and France. There were also large numbers of forced immigrants from Africa.
- The **mid-19th-century** wave was made up mainly of north Europeans, largely from Ireland, Germany, the Netherlands and Sweden.
- The **early 20th-century** wave consisted mainly of immigrants from southern and eastern Europe, particularly, but not only, from Italy and Poland.
- The **post-1965** period has seen a large movement of people from Latin America and Asia.

Melting pot or salad bowl?

By the turn of the 20th century, American leaders were becoming worried by the growth of "immigrant ghettos", particularly in bigger cities like New York and Chicago. To counter the development of ghettos, the US government did all it could to create a melting pot by assimilating the numerous "immigrant cultures" into a single fully-integrated "American culture".

Although this policy of cultural assimilation was successful in that it at least gave Americans a common set of basic values (↗ 9.2 American values), at the level of everyday life, it failed. It failed because it ignored reality. It ignored the refusal of a large majority of white Americans to accept the integration of Afro-Americans and Native Americans. It ignored the fact that every big American city had its Chinatown, its Little Italy, and its Little Poland.

Above all, the policy of assimilation ignored the reality that most immigrants wanted American citizenship and an American standard of living, but not necessarily the American way of life. In short, they didn't want a melting pot, but a salad bowl.

Vokabular	***Vocabulary***
Schmelztiegel	*melting pot*
Salatschüssel	*salad bowl*
entgegenwirken	*to counter*
eingliedern	*to assimilate*
Weigerung	*refusal*

The American Dream

It is best to see the **American Dream** as the economic, i. e. free-market, equivalent of American ideals of democracy and personal freedom. It is a promise of material prosperity by means of which Americans feel that they can achieve a "better, richer, and happier life" - and this quite independently of their race, colour, class, religion, or ancestry.

Myth or reality?
Although the "American Dream" has often been used to inspire and motivate Americans to improve themselves and get on in life, it has also been blamed for creating unrealistic expectations.
In fact, research shows that the idea of the American Dream has not helped the great majority of members of ethnic and social minorities - particularly African-Americans - and lower class American citizens to improve either their material standard of living or their social status. Instead, the distribution of wealth and political power in the USA is often seen as promoting class differences in which certain groups continue to be advantaged.

Vokabular	***Vocabulary***
Entsprechung	*equivalent*
materieller Wohlstand	*material prosperity*
unrealistische Erwartungen	*unrealistic expectations*
Verteilung des Reichtums	*distribution of wealth*
Klassenunterschiede fördern	*to promote class differences*
begünstigt sein	*to be advantaged*

The growth of American mass culture

The origins of modern American culture can be traced back to the 1920s. American inventions as pop music, book clubs, radio soaps, and sound movies all became popular forms of mass entertainment.

- **The radio**: None of the many new gadgets found in American homes in the 1920s was more revolutionary than the radio. Sales of radios went up from $60 million in 1922 to $426 million in 1929. It was the radio that did much to unify the USA by transmitting identical news, sporting commentaries, entertainment, and advertisements into more than ten million households by 1929. Radio worked against regional and even ethnic differences by spreading similar tastes and lifestyles.
- **The record player**: The 1920s also saw the triumph of the record player. Sales increased from just 190,000 in 1923 to five million in 1929.
  The popularity of jazz, blues, and country & western music both caused and was caused by this boom, which helped to give the USA its unique American voice.
- **The motion picture**: The motion picture was perhaps the single most momentous new means of mass entertainment. Movie attendance nearly doubled from 50 million a week in 1920 to 90 million weekly in 1929. At the end of the 1920s, it is estimated that 75% of all Americans visited the cinema at least once a week. In these years, the film industry took on its modern form. By the 1920s, the industry had moved from New York – where it had been a branch of the theatre – to Hollywood.
  Filmmakers were attracted there by California's cheap land, varied scenery and, above all, its dry and sunny climate which is ideal for filming.

Vokabular	***Vocabulary***
einen, vereinigen	*to unify*
Geschmack	*taste*
einzigartig	*unique*
folgenschwer	*momentous*
Kinobesuch	*movie attendance*
abwechslungsreiche Landschaft	*varied scenery*

America and the terrorist threat

On 11 September 2001 (9/11), terrorists attacked the World Trade Center in New York and the Pentagon in Washington DC. This was the first attack on the American mainland since 1812, and it had a traumatic effect on both the American people and its government.

NOTICE In American dates, the month is put before the day. The attack is often referred to as simply "9/11", i.e. September 11th.

- The success of the attack was caused by a total failure of the American security forces, particularly the CIA (responsible for external security), the FBI (responsible for internal security across state borders), and state security services, especially in Florida, where the terrorists learned to fly.
- The failure of these agencies was largely caused by a refusal to work together by keeping each other informed.
- The first consequence of 9/11 was the **USA Patriot Act**, which became law on 26 October 2001.
- Among other things, the act gives the security services almost limitless access to phone calls and emails as well as medical, financial, and other records. It also allows the authorities to arrest and deport immigrants suspected of terrorism or "terrorism-related" activities.
- Lawyers have strongly criticized several provisions of the Patriot Act, most importantly
  1) the indefinite detention of immigrants,
  2) the searching of homes and offices without the occupant's knowledge,
  3) the searching of phone, email, bank and other records without a court order, and
  4) the surveillance of people's Internet activities.
- Owing to these criticisms, federal courts have already ruled that a number of the Patriot Act's provisions are unconstitutional.
- The second consequence of the attacks was the setting up of the **Department of Homeland Security** on 6 March 2003. With almost limitless funding, the DHS's job is to protect America from both internal and external terrorism by gathering intelligence and coordinating counterterrorism activities. In its work, the DHS makes much use of the powers given to it under the Patriot Act.
- The final consequence of 9/11 was increased military action against terrorism abroad, particularly in Iraq and Afghanistan. These countries were accused of providing, or at least tolerating, terrorist training camps – in the case of Iraq wrongly – for supporters of Al-Qaida.
- Although military action was supposed to be accompanied by generous development aid and help with setting up democratic governments in these countries, at present the final outcome is unclear.

Vokabular	*Vocabulary*
Bedrohung	*threat*
totales Versagen	*total failure*
Sicherheitskräfte	*security forces*
Weigerung	*refusal*
Folge	*consequence*
unbeschränkter Zugang	*limitless access*
ausweisen	*to deport*
Bestimmung	*provision*
unbegrenzte Haft	*indefinite detention*
Bewohner/-in	*occupant*
Gerichtsbeschluss	*court order*
Überwachung	*surveillance*
uneingeschränkte Finanzierung	*limitless funding*
Nachrichten sammeln	*to gather intelligence*
angeklagt sein wegen	*to be accused of*
begleitet von	*accompanied by*
Ergebnis (Note)	*outcome*

9.3 Global challenges

What is “globalisation”?

- **Narrow definition**: From a purely economic point of view, globalisation is the free movement of goods and services throughout the world.

Factors that have helped this process of global integration are

1 the lowering or abolition of customs barriers by both the World Trade Organisation (WTO) and by customs unions, e.g. the EU and NAFTA (North American Free Trade Agreement);

2 advanced communications and transport systems, most importantly the World Wide Web (Internet) and containerisation;

3 the easy movement and investment of surplus capital;

4 multinational businesses that have made cross-border trading easier and cheaper;

5 the volume production of goods that has outgrown national and regional markets.

- **Wider definition**: A wider view of globalisation sees it in much more than just an economic phenomenon – though it is generally agreed that world trade is its driving force. However, to an important degree, its effect on the global community has also been cultural. This “cultural effect” has resulted in:

1 a process of increasing global standardisation – many prefer to say “westernisation” – that is displacing national and cultural variations in

everyday life, most particularly in the areas of **a)** clothing (e.g. jeans, sneakers), **b)** food and drink sold in identical restaurants by global fast food chains, **c)** mass entertainment (e.g. pop music, video games, sport), **d)** advertising, and **e)** consumer goods (e.g. mobile phones, flatscreen TVs);

2 a decline in traditional religious and moral values, and the increasing secularisation of life;

3 the spread of democratic or semi-democratic ideals of free personal, and ultimately political, choice, sometimes backed by military action (e.g. Afghanistan, Iraq, Iran, China);

4 the spread of English as a world language.

- **Winners and losers**: Whether or not the global marketplace and its consequent cultural effects are beneficial is a matter of dispute.

Supporters of globalisation believe that it will, or could, create economic growth with all that means in the form of jobs, schools, health care, improved infrastructure, social mobility, and peaceful coexistence. Such people point to the "fair trade" movement as a way of levelling the playing field and hence as a triumph of globalisation.

Opponents of globalisation believe that it will not benefit developing economies to anything like the extent claimed for it. In fact, they say that a global market just increases the opportunities for the rich, developed nations to take even more advantage of the poorer, developing ones. Opponents also see the gradual eradication of cultural diversity and the creation of a unitary "world culture" as a huge loss.

Vokabular	*Vocabulary*
Abschaffung	*abolition*
Zollschranken	*customs barriers*
Zollverein	*customs union*
Überschuss	*surplus*
hinauswachsen	*to outgrow*
treibende Kraft	*driving force*
Grad	*degree*
verdrängen	*to displace*
Niedergang	*decline*
daraus folgend	*consequent*
nutzbringend	*beneficial*
Streitfrage	*matter of dispute*
faire Rahmenbedingungen schaffen	*to level the playing field*
guttun	*to benefit*
Ausmaß	*extent*
Gelegenheit	*opportunity*
allmähliche Ausrottung	*gradual eradication*
Vielfalt	*diversity*

Migration of people and jobs

- **Outsourcing**: In developed countries, the "outsourcing", i. e. migration, of jobs to low-wage, unregulated countries in Asia and Eastern Europe is seen as a big problem. This is because it could lead to higher unemployment and even social unrest at home.

However, the evidence seems to suggest that initial fears about the negative effects of outsourcing on domestic labour markets were probably exaggerated for these reasons:

1 While it is true that some multinational companies, particularly in the textile, toy, and electronic component industries, moved some production abroad, the alternative to outsourcing was not staying put, but downsizing or going out of business altogether. In such cases, outsourcing led to no or only small job losses at home.

2 US Department of Labor statistics show that only about 25% of non-farm jobs lost in the USA were destroyed by outsourcing. The remaining 75% were lost because of automation, which is by far the biggest job destroyer in the developed world.

3 To some extent, outsourcing is only temporary, particularly when production has been moved to parts of Eastern Europe. In many cases, companies have had to move production back home in order to maintain their quality standards.

- **Migration of people**: Another big problem associated with globalisation is not so much job losses through outsourcing, as the migration of cheap labour from developing economies to developed ones. This is the case in the EU, where freedom of movement laws allows cheap labour from Eastern Europe to take jobs in the more developed economies of Western Europe. An abundance of cheap labour has led to job losses among West Europeans and a downward pressure on wages.

Vokabular	***Vocabulary***
Beweis	*evidence*
anfängliche Befürchtungen	*initial fears*
übertreiben	*to exaggerate*
an Ort und Stelle bleiben	*to stay put*
verkleinern, abbauen	*to downsize*
zerstören	*to destroy*
gewissermaßen	*to some extent*
befristet	*temporary*
erhalten	*to maintain*
in Verbindung stehen mit	*to be associated with*
Überschuss	*abundance*

Economic and ecological problems

Critics of economic globalisation claim that it causes once localised ecological problems to spread elsewhere, sometimes throughout the world.

This means that all global communities are affected by what were once environmental problems that were limited in their effect.

The most serious ecological problems now affecting the whole world are:

- **Air pollution**: The industrialisation of the developing world, particularly in China, India, and Brazil, is leading to increased pollution in the upper atmosphere. This pollution is carried around the globe and falls as "acid rain" on distant regions. There it destroys forests and vegetation. Smog is also a major health hazard in many parts of the world.
- **Climate change**: CO_2 and other industrial emissions have been identified as causing global warming and, as a result, climate change. Although there are winners and losers, this could lead to the flooding of low-lying areas and to a big increase in extreme weather events such as hurricanes.
- **Toxic waste**: Most industrial processes, particularly in the chemical and energy-generation industries, give rise to toxic waste, which is difficult and expensive to dispose of safely. In a highly competitive, globalised economy this waste is often simply put on landfill sites or into old mine shafts. There it becomes a ticking time bomb that poses a serious health hazard.
- **Water shortage**: The amount of water in the world is fixed. Like energy, water can be neither increased nor decreased – it can only change its form. Demand for water has become so great because of industrialisation, intensive farming, and mass tourism that water shortages are likely to be a cause not only of starvation but also of future wars.
- **Destruction of the rain forests**: Think of the rain forests as Earth's lungs. According to the World Wildlife Fund, the tropical rain forests in South America and Africa are being destroyed at the rate of between 25 and 50 acres a minute. The rain forests in Southern Asia have already been completely lost. Globalisation is contributing to this process, with dramatic consequences.

Vokabular	*Vocabulary*
anderswo	*elsewhere*
betroffen sein von	*to be affected by*
begrenzt	*limited*
äußerste Schicht der Erdatmosphäre	*upper atmosphere*
Gesundheitsrisiko	*health hazard*
Giftmüll	*toxic waste*
entsorgen	*to dispose of*
konkurrierend	*competitive*
Deponiegelände	*landfill site*
Minenschacht	*mine shaft*
darstellen	*to pose*
festgelegt	*fixed*
Wasserknappheit	*water shortage*
Zerstörung	*destruction*
laut, gemäß	*according to*
Flächenmaß	*acre*
Folge	*consequence*

The digital revolution

Digitalisation is the transmission of information in binary form or as "digits". Huge amounts of digitalised information or "data" can be transmitted simultaneously not only on radio waves to satellite dishes and aerials but also zipped along telephone lines, TV cable networks, and even power lines.

This is the basic technology that has given us not only entertainment media like DVD players and communications media like mobile phones, but also the Internet, which some see as the "engine of globalisation". And they may have a point. To begin with, the Internet provides a means of fast communication that covers, at least potentially, the whole world by means of emailing and phone services like Skype and Callcentric. But beyond that, social networking websites like Facebook, Bebo and MySpace as well as blogging sites such as Twitter, Vox and Windows Live Spaces (formerly MSN Spaces) enable millions of people throughout the world to interact with each other and to take part in distant events, such as Hurricane Katrina in New Orleans in 2005, the demonstrations in Iran in 2009 and the earthquake in Haiti in 2010.

For all that, it is easy to exaggerate the global nature of the Internet. In fact, it is a very good example of just how patchy globalisation really is. Most of Africa and Latin America, and much of Russia and Asia as well, do not have access to the Internet at all. And even when the technology exists, what about state censorship as in China and most Muslim countries?

Vokabular	*Vocabulary*
gleichzeitig	*simultaneously*
sausen	*to zip*
Stromleitung	*power line*
patchy	*ungleichmäßig*
censorship	*Zensur*

9.4 International organisations

The future of the EU

Although it is still impossible to predict the future of Europe with certainty, there are some factors that are already becoming clearer.

1 The integration of the EU will be extremely expensive.

EU subsidies to its member states in Eastern Europe was € 28 billion between 2004 and 2006. This was a large part of the annual € 68 billion Brussels budget. And even that huge amount of money hardly made much difference to the living standards of ordinary people. Towns in countries like Poland and the Czech Republic are still blemished by decaying housing and infrastructure.

Many of the 75 million new EU citizens are just about existing on an average income of about € 320 a month. But they expect the same standard of living and social services as those that people in France, Germany, and the UK take for granted. They will also find themselves subject to a mass of EU directives, such as rules on food preparation and hygiene in restaurants, which will be impossibly expensive to put into practice without a lot of financial and other help from richer Western European member states.

Studies of economic growth say that it will take Slovenia, the most developed of the new members, at least ten years to achieve the EU average. The problem is worst in Poland, the largest country among the newcomers with a population of 39 million. At current rates of growth, it could take 40 years for Poland to reach average EU living standards.

2 Friction between West and East could increase.

Friction will grow if workers in the West feel that their jobs are not only being outsourced to the cheaper East, but also that their own tax money is being used to pay for this process. This will be similar to the resentment felt by many West Germans that their taxes are being used to rebuild East Germany while their own infrastructure decays.

3 Europe will continue to integrate more closely.

The most likely scenario for the future of the EU over the next 20 years is that there will be gradual but unstoppable progress towards fuller integration. This process will, however, be slowed down by the rich diversity of cultures, languages, and economic possibilities. Integration leading to a "Greater Europe" can certainly not be achieved without strong EU governance and the visionary leadership of the EU's founding fathers, both of which seem to be absent at present.

4 The EU will become more democratic.

As the low turnout in European elections shows, the European Parliament does not attract the same interest as national parliaments do. This is a serious weakness. For all that, the next 20 years will find answers to these questions, which lie at the heart of the problem: Who governs Europe? Is it national ministers appointed by their own governments and meeting in secret? Or is it elected representatives of the people (MEPs) meeting and debating in public? The likelihood is that the EU will see the European Parliament achieving more real power at the expense of the representatives of national parliaments.

5 National tribalism will begin to decrease.

Although all European countries have a common European cultural heritage, there is no denying that national differences, real or imagined, are often perceived to be profound. This applies most obviously to a sensitive awareness of language. Many French and German speakers, for example, resent the often unnecessary use of English - although this has more to do with the dominance of the USA than with anything else. The anger and alienation of many Europeans can easily be provoked by trivial EU directives about every aspect of everyday life. But quarrels about beer, beef, lamb, asylum seekers, the shape of vegetables, smoking, and so on are not just superficial. They are often expressions of traditional historical issues going back centuries. Solving this sense of "cultural clash" will mean finding a common EU voice, much more accurate information and a clear lead from the centre.

Vokabular	*Vocabulary*
voraussagen	*to predict*
Subvention	*subsidy*
jährlich	*annual*
verunstalten	*to blemish*
verfallen	*to decay*
soziale Leistungen	*social service*
etw. für selbstverständlich halten	*take sth for granted*

von etw. abhängig sein	*to be subject to*
umsetzen	*to put into practice*
erreichen	*to achieve*
Neuling	*newcomer*
Reiberei	*friction*
(Produktion) auslagern	*to outsource*
ähnlich	*similar*
allmählich	*gradual*
Vorwärtsbewegung	*progress*
Vielfalt	*diversity*
fantasievoll	*visionary*
fehlen	*to be absent*
Wahlbeteiligung	*turnout*
ernennen	*to appoint*
Wahrscheinlichkeit	*likelihood*
auf Kosten von	*at the expense of*
gemeinsam	*common*
Herkunft	*heritage*
es lässt sich nicht leugnen	*there is no denying*
einbilden	*to imagine*
wahrnehmen	*to perceive*
tief	*profound*
gelten für	*to apply to*
Bewusstsein	*awareness*
übel nehmen	*to resent*
Vorherrschaft	*dominance*
Entfremdung	*alienation*
provozieren	*to provoke*
oberflächlich	*superficial*

The UN as peacekeeper

The **United Nations** (UN) is a multinational parliament that is made up of practically all the world's sovereign states. At present, there are 192 member states. The UN consists of the **General Assembly**, a deliberative gathering in which all members have a seat, and the **Security Council** with 15 selected members, including five (China, France, Russia, the UK, and the USA) with the power of veto. Basically, the Security Council is responsible for making and enforcing decisions about world peace.
The UN also has a number of specialised branches or agencies for facilitating multinational cooperation in areas like international law, economic development, social policy (including education), and human rights.
Most important among these agencies are:
the **Economic and Social Council** (ESC), for encouraging economic and social development,
the **International Court of Justice**, the UN's highest judicial organ in The Hague,
the **World Health Organisation** (WHO), for monitoring and controlling cross-border health threats such as AIDS and avian flu,
the **World Food Programme** (WFP), for fighting starvation and the lack of clean water,
the **United Nations Children's Fund** (UNICEF), for promoting the interests of children, including the control of child labour and encouraging educational opportunity.

Note that the **World Trade Organisation** (WTO) - which is responsible for facilitating free trade throughout the world - is not part of the UN.
The UN is managed by a **Secretary-General**, currently the South Korean diplomat Ban Ki-Moon as the head of the **Secretariat**, with headquarters in New York.
The organisation is financed by contributions that are assessed according to members' ability to pay. This means that the biggest contributors are at present the United States and members of the European Union, particularly Germany.
In theory, the UN has six official languages - Arabic, Chinese, English, French, Russian and Spanish - but day-to-day business is carried out almost exclusively in English.

Vokabular	*Vocabulary*
beratende Versammlung	*deliberative gathering*
ausgewählt	*selected*
durchsetzen	*to enforce*
erleichtern	*to facilitate*
Sozialpolitik	*social policy*
fördern	*to encourage*
kontrollieren	*to monitor*
Gesundheitsrisiko	*health threat*
Vogelgrippe	*avian flu*
Hungertod	*starvation*
Mangel	*lack*
hier: fördern	*to promote*
Hauptsitz	*headquarter*
Beitrag	*contribution*
einschätzen	*to assess*
gemäß	*according to*
ausführen	*to carry out*

Although the UN does a great deal of good work in such areas as economic development, health care, and the protection of refugees and children, many observers see as its main role the preservation of world peace through the agency of the Security Council.
In its function as peacekeeper or the "world's policeman", the UN has attracted massive criticism. It has even been accused of outright failure in Sudan and has been criticised for failing to stop genocide in Serbia and Rwanda.

The main areas of criticism are:

1 **The veto powers**: The five permanent "veto powers" in the Security Council are the four victorious powers in WWII plus China. However, both France and the UK have lost the world influence they once had, while countries like Brazil, India, and Japan have become much more important. Africa and South America have no permanent seats at all.

Critics say that France and the UK should give up their seats in favour of India and Brazil, and two more seats should be created for the EU and Japan.

2 The nuclear club: The five veto powers all have nuclear weapons. They have created an exclusive "nuclear club" that only cares about their own economic interests and political influence. For example, in 1991 they protected oil-rich Kuwait in the First Gulf War, but did nothing to protect resource-poor Rwanda in 1994. For this reason, critics suggest either that some permanent seats should go to non-nuclear countries or that the concept having permanent members should be abolished altogether.

3 The power of veto: The use of the veto by any one of the five permanent nations can be misused to stop quick UN military or diplomatic action in a crisis. For example, the USA has vetoed Security Council resolutions that criticise Israel 32 times.

4 Secret deals: The practice of the permanent members meeting privately and then presenting their resolutions to the full council as a *fait accompli* should be banned.

5 Toothless tiger: Critics say that the Security Council is largely ineffective because there are no tough sanctions that can be used when countries disobey its orders. For example, during the Darfur crisis in Sudan, government-backed militias attacked the indigenous population, killing thousands of civilians. In the Srebrenica massacre, Serbian troops committed genocide against Bosnian Muslims, although the town was a UN "safe area".

6 Undemocratic: Many critics think the UN is undemocratic. This is because it represents the governments of its member states rather than the people who live in those states.

7 One-sided power: The UN Charter vests much too much power in the Security Council at the expense of other UN organs. The General Assembly has become a mere talk show while even the Secretary-General has little real power.

8 Commercial self-interest: The five permanent members of the Security Council are the largest armaments manufacturers in the world. This dilutes their willingness to ban the weapons trade and stop military activities.

Vokabular	***Vocabulary***
Schutz	*protection*
Flüchtling	*refugee*
Beobachter	*observer*
Erhaltung	*preservation*
durch Vermittlung von	*through the agency of*
beschuldigen	*to accuse*
absolutes Versagen	*outright failure*
Völkermord	*genocide*
Siegermacht	*victorious power*
Einfluss	*influence*
zugunsten von	*in favour of*
Kernwaffe	*nuclear weapon*
arm an Ressourcen	*resource-poor*
abschaffen	*to abolish*
missbrauchen	*to misuse*
Beschluss	*resolution*
vollendete Tatsache	*fait accompli* (franz.)
nicht befolgen	*to disobey*
einheimische Bevölkerung	*indigenous population*
(ein Verbrechen) begehen	*to commit (a crime)*
vertreten	*to represent*
übertragen	*to vest*
auf Kosten von	*at the expense of*
bloß	*mere*
Waffenhersteller	*armaments manufacturer*
abschwächen	*to dilute*
Waffenhandel	*weapons trade*

EXTRAS

How many people speak English?

- English has official or special status in at least seventy-five countries with a total population of over two billion.
- English is spoken as a first language by around 375 million and as a second language by around 375 million speakers in the world.
- Around 750 million people are believed to speak English as a foreign language.
- One out of four of the world's population speak English to some level of competence.
- Nearly one in two European Union citizens claims to be able to converse in English according to a survey carried out in 1998.

Quellen: www.auswaertiges-amt.de und www.britishcouncil.org

Englisch ist Muttersprache bei der Mehrheit der Landesbevölkerung.

Englisch ist eine der Landessprachen neben anderen und/oder Amtssprache.

Präpositionen

NOTICE Die folgenden englischen präpositionalen Wendungen weichen vom deutschen Gebrauch manchmal stark ab. Sie sind daher besonders „fehlerträchtig".

Präpositionen der Zeit

Prepositions of time

at Christmas	zu Weihnachten
at 40 (years of age)	mit 40
at six o'clock	um sechs Uhr
at mealtimes	bei Mahlzeiten
at lunchtime	in der Mittagszeit
at breakfast	beim Frühstück
at the / this / that time	zu der / dieser / jener Zeit
at all times	jederzeit
at night	bei Nacht
at the weekend / at weekends	am Wochenende
at the moment	im Moment
at once	sofort
at one time	früher
at present	zurzeit, jetzt
at the time	zu der Zeit
at times	gelegentlich
in time	rechtzeitig
in the morning / evening / ...	am Morgen / Abend / ...
in a minute / moment	gleich
in no time	sekundenschnell
on time	planmäßig
on the hour	zur vollen Stunde

Last und ***next*** werden ohne Präposition benutzt:
*I saw Jane **last Friday**.*
Am letzten Freitag sah ich Jane.
*We are going to Austria **next winter**.*
Im nächsten Winter fahren wir nach Österreich.

Präpositionen des Ortes

Prepositions of place

at the station	am Bahnhof
at the baker's	beim Bäcker
at the chemist's	in der Apotheke
at the supermarket	im Supermarkt
at my parents' (home)	bei meinen Eltern
at 20 Church Street	in der Church Street 20
at work	bei der Arbeit
at the seaside	am Meer
at a meeting	bei einer Sitzung
at a concert	in einem Konzert
at Jill's party	auf Jills Party
at the table	am Tisch
at hand	zur Hand
in the street	auf der Straße
in the sky	am Himmel
in the country	auf dem Land
in the picture/photo	auf dem Bild/Foto
in the world	auf der Welt
in depth	in allen Einzelheiten
on the road	auf der Straße
on the board	an der Tafel
on board	an Bord
on the wall	an der Wand
on the beach	am Strand
on the coast	an der Küste
on the Rhine	am Rhein
on the bus/plane/...	im Bus/Flugzeug/...
on the first/... floor	im ersten/... Stock
on the way to	unterwegs nach
on the left/right	links/rechts
on business	geschäftlich unterwegs
on display	ausgestellt (im Schaufenster o. Ä.)
on hand	verfügbar

Sonstige Präpositionen

Other prepositions

at £3.75	für £ 3,75
at last	endlich
at least	mindestens
not at all	überhaupt nicht
at any rate	zumindest
at first sight	auf den ersten Blick
at pains	sehr bemüht
in your own words	mit eigenen Worten
in a loud/quiet voice	mit lauter/leiser Stimme
in my opinion/view	meiner Meinung nach
in love with	verliebt in
in German	auf Deutsch
in the end	schließlich
in addition to	zusätzlich zu
in any case	auf jeden Fall
in brief	kurz gesagt
in comparison	im Vergleich
in conclusion	zum Schluss
in a hurry	in Eile
in different/various ways	auf verschiedene Weise
in biro	mit dem Kugelschreiber
on the radio	im Radio
on TV	im Fernsehen
on the phone	am Telefon
on holiday/vacation	im Urlaub
on foot	zu Fuß
on horseback	zu Pferd
on occasion	gelegentlich
by bike/bus/...	mit dem Rad/Bus/...
by Mozart/Bach/...	von Mozart/Bach/...

Unregelmäßige Verben

Infinitiv	Imperfekt (2. Form)	Partizip Perfekt (3. Form)	
infinitive	*simple past*	*past participle*	
be	was/were	been	sein
beat	beat	beaten	schlagen, besiegen
become	became	become	werden
begin	began	begun	anfangen
blow	blew	blown	blasen, wehen
break	broke	broken	(zer)brechen
bring	brought	brought	bringen
build	built	built	bauen
buy	bought	bought	kaufen
catch	caught	caught	fangen
choose	chose	chosen	(aus)wählen, aussuchen
come	came	come	kommen
cost	cost	cost	kosten
cut	cut	cut	schneiden
do	did	done	tun, machen, erledigen
draw	drew	drawn	zeichnen
dream	dreamt	dreamt	träumen
drink	drank	drunk	trinken, saufen
drive	drove	driven	fahren, (an)treiben
eat	ate	eaten	essen, fressen
fall	fell	fallen	(hin)fallen
feed	fed	fed	füttern
feel	felt	felt	sich fühlen
fight	fought	fought	(be)kämpfen
find	found	found	finden
fly	flew	flown	fliegen
forget	forgot	forgotten	vergessen
freeze	froze	frozen	(ge)frieren
get	got	got	bekommen, erhalten
give	gave	given	geben, schenken
go	went	gone	gehen
grow	grew	grown	wachsen, zunehmen
hang	hung	hung	(auf)hängen

have	had	had	haben, besitzen
hear	heard	heard	hören
hide	hid	hidden	verstecken
hit	hit	hit	schlagen, aufprallen
hold	held	held	(fest)halten
hurt	hurt	hurt	verletzen
keep	kept	kept	behalten, immer wieder tun
know	knew	known	kennen, wissen
lay	laid	laid	(ver)legen, hinstellen
lead	led	led	führen, leiten
lean	leant	leant	(sich) lehnen, stützen, neigen
learn	learnt	learnt	lernen, aneignen
leave	left	left	verlassen
lend	lent	lent	(ver-, aus)leihen
let	let	let	lassen
lie	lay	lain	liegen
light	lit	lit	anzünden
lose	lost	lost	verlieren
make	made	made	machen
mean	meant	meant	bedeuten
meet	met	met	sich treffen
misunder-stand	misunder-stood	misunder-stood	missverstehen
pay	paid	paid	(be)zahlen
put	put	put	setzen, stellen, legen
read	read	read	(ab)lesen
ride	rode	ridden	reiten, (Rad) fahren
ring	rang	rung	läuten, klingeln, anrufen
rise	rose	risen	steigen, zunehmen
run	ran	run	laufen, rennen
say	said	said	sagen
see	saw	seen	sehen, verstehen
sell	sold	sold	verkaufen
send	sent	sent	senden, schicken
shake	shook	shaken	schütteln
shoot	shot	shot	(er)schießen

show	showed	shown	zeigen
shut	shut	shut	schließen, zumachen
sing	sang	sung	singen
sit	sat	sat	sitzen
sleep	slept	slept	schlafen
smell	smelt	smelt	riechen, duften
speak	spoke	spoken	sprechen
spend	spent	spent	ausgeben, verbringen
stand	stood	stood	stehen
steal	stole	stolen	stehlen
strike	struck	struck	schlagen
swim	swam	swum	schwimmen
take	took	taken	nehmen
teach	taught	taught	unterrichten, lehren
tear	tore	torn	(zer)reißen
tell	told	told	erzählen, mitteilen, sagen
think	thought	thought	denken, meinen
throw	threw	thrown	werfen
understand	understood	understood	verstehen
wake	woke	woken	wecken
wear	wore	worn	tragen, anhaben
win	won	won	gewinnen
write	wrote	written	schreiben

Stichwortverzeichnis

Besser in ...

Diese Lernhilfen schaffen die Grundlage für ein erfolgreiches Abitur.

- Alle wichtigen, lehrplanrelevanten Inhalte eines Schuljahres
- Jede Menge Übungen und Tests
- Mit Lösungsteil zur Selbstkontrolle

Besser in Englisch	ISBN 978-3-589-
Grundlagen Textarbeit	22817-1
Weniger Fehler in Klausuren	22815-7
Profitraining Grammatik	22816-4
Profitraining Textarbeit	22818-8

Außerdem liegen Titel für folgende Fächer vor:

- Deutsch
- Mathematik
- Französisch
- Präsentationen und Referate **NEU**

Fragen Sie bitte in Ihrer Buchhandlung oder im gut sortierten Fachhandel.

Cornelsen
SCRIPTOR